I0449050

"Santi di campagna e demoni di città. Un'esplorazione antropologica di Stoker e D'Annunzio"

Copyright © 2014 **GIORGIO PANNUNZIO**

Opera pubblicata e distribuita da: **Lulu Press**
3101 Hillsborough St, Raleigh
North Carolina (USA)

www.lulu.com

Tutti i diritti di riproduzione, traduzione e adattamento sono riservati. Nessuna parte di questo libro può essere usata, riprodotta o diffusa senza autorizzazione scritta da parte dell'autore o dell'editore.

Prima Edizione gennaio 2014

ISBN: 978-1-326-16986-2

GIORGIO PANNUNZIO

SANTI DI CAMPAGNA E DEMONI DI CITTÀ. UN'ESPLORAZIONE ANTROPOLOGICA DI STOKER E D'ANNUNZIO

PREMESSA

I due saggi qui pubblicati, pur appartenendo a sfere culturali diverse, sono uniti da un unico denominatore: il dato antropologico inteso come elemento che interseca e definisce le coordinate attorno a cui l'elemento narrativo si dipana. In un caso, abbiamo – come fattore determinante – la religiosità e le sue espressioni cultuali e popolari; nel secondo caso, l'elemento folklorico e leggendario è il cardine sui cui ruota la valutazione (sia pure non esclusiva) del personaggio esaminato. Se il fattore è comune, dunque, diversi sono i territori d'analisi, sebbene entrambi siano collocati sulla classica direttrice "fin de siécle" che li caratterizza tutti e due. La ricerca è stata posta in essere anche tenendo conto di un'impostazione semasiologica dei contenuti letterari, soprattutto nell'ambito del racconto stokeriano, per il quale si è voluto privilegiare – appunto – il dato relativo ai significati, senza fare riferimento alla filologia del testo originale (e peraltro le edizioni italiane tenute presenti sono impeccabili, da questo punto di vista). Per quel che invece concerne il saggio su D'Annunzio, esso è stato rivisto soprattutto secondo un criterio formale, ritenendosi ancora validissimi i principi che ne avevano ispirato la stesura.

Giorgio Pannunzio

Un incontro fra antropologia e letteratura: la festa di S. Pantaleone di Miglianico in alcune testimonianze ottocentesche e del primo Novecento[1].

1. In passato, la ricorrenza del santo patrono di Miglianico esercitò un indubbio fascino fra gli intellettuali che ebbero la fortuna di assistervi[2], stimolando la fantasia di pittori e scrittori[3]. Su di essa, e sui complessi rituali ad essa collegati a cavallo fra il secolo diciannovesimo e il ventesimo, si possiedono ben quattro descrizioni, di cui una ormai non più reperibile; scritte in un arco di tempo di sessant'anni, esse sono tali da fornirci un quadro veritiero

---

[1] Il presente testo è una rielaborazione, con pochissime varianti, del mio saggio "Per un incontro fra antropologia e letteratura: la festa di S. Pantaleone di Miglianico in alcune testimonianze ottocentesche e del primo Novecento", in *Studi Medioevali e Moderni*, 1 (2001), pp. 179 – 219.

[2] Per capire l'impatto devozionale della festa, si veda anche, ad esempio, *Divota novena del glorioso martire S. Pantaleone principal protettore di Miglianico*, Chieti, 1898, *passim*).

[3] La festa, com'è noto, ha ispirato a F.P. Michetti il suo celebre *Voto*, anche se qualcuno ritiene che il dipinto raffiguri un'analoga cerimonia del santuario di Casalbordino. Un dubbio di tal genere è in T. SILLANI, *F.P. Michetti*, Milano–Roma, 1932, 67; e in E. JACOBITTI, *F.P. Michetti*, Firenze, 1933, 35 – 39, in part. 37, dove l'autore è convinto dell'ascendenza casalbordinese. Sul *Voto*, cfr. anche F. DI TIZIO, *F.P. Michetti nel cinquantenario della morte*, Pescara, 1980, 27, con ulteriore bibliografia alle nn. 47 e 48.

sulla sua evoluzione[4]. Non vanno poi tralasciati i riflessi che della cerimonia si colgono in almeno due delle novelle dannunziane della raccolta intitolata *S. Pantaleone*[5], e in un

---

[4] I testi – pubblicati fra il 1883 e il 1943 – sono i seguenti: G. D'ANNUNZIO, "Il voto, quadro di F.P. Michetti", in *Fanfulla della Domenica*, 14 gennaio 1883, ora in G. D'ANNUNZIO, *Scritti Giornalistici* [1882 – '88], cur A. ANDREOLI – F. RONCORONI, Milano, 1996, 92 – 100, in part. 94 – 95; G. GRILLI, "Tradizioni abruzzesi. La festa di S. Pantaleone a Miglianico", in *Il Risorgimento d'Abruzzo e Molise*, a. VI, n. 466, 10 agosto 1924; V. BALZANO, *Abruzzo e Molise*, Torino, 1927, pp. 246 – 247: F. VERLENGIA, *Tradizioni e leggende sacre abruzzesi*, Pescara, 1958, I, 17 – 18, originariamente come "Abruzzo mistico: S.Pantaleone di Miglianico", in *Il Messaggero*, 4 febbraio 1943, s.p. Di essi, l'unico non consultato (perché irreperibile) è quello di Grilli, che pero è in parte coevo alla descrizione di Balzano. Valore nullo, a parte l'affermazione che all'epoca le usanze descritte erano scomparse, ha invece T. MARINO, "La sagra di San Pantaleone nelle opere di Michetti e D'Annunzio", in *Il Messaggero*, 27 luglio 1946, p. 2.

[5] Le novelle in questione, che sono *Gli idolatri* (originariamente intitolata proprio *S. Pantaleone*) e *L'Eroe*, confluirono poi nelle *Novelle della Pescara* e sono ora leggibili in G. D'ANNUNZIO, *Le novelle della Pescara*, cur. A. ANDREOLI – M. DE MARCO, Milano, 1996[2], 102 – 119, da cui si citerà, ma originariamente in G. D'ANNUNZIO, *Tutte le novelle*, cur. A. ANDREOLI – M. DE MARCO, Milano, 1992, 912. In esse vi è forse qualche lontano riferimento miglianichese, come il nome di uno dei santi in guerra negli *Idolatri*, o la denominazione Mascalico, che è il paese in cui si svolge la vicenda de *L'Eroe* (e sulla suggestione Miglianico/Mascalico nel D'Annunzio giovane vedi l'ipotesi di Gibellini menzionata dalla De Marco nel commento a D'ANNUNZIO, *Le novelle*, 482 e 102, quest'ultima per il riferimento dannunziano.

altro testo, stavolta meno conosciuto, che si deve alla penna di Ettore Janni[6]. E' proprio da codeste testimonianze che si vuole partire nella ricostruzione di tutte le ascendenze rituali, nella speranza che ciò, coniugando per una volta letteratura e tradizioni popolari, possa servire a gettare una luce diacronica su una festività abruzzese spesso ignorata anche dagli specialisti.

2. Le novelle dannunziane che sembrano avere una diretta connessione con il sostrato mitico della festa miglianichese sono *Gli Idolatri*[7] e *L'Eroe*[8]. Tuttavia, esse

---

Vedi anche IBID., *Tutte le novelle*, 912), ma non certo elementi tali che possano servire ad una ricostruzione storiografica. Si noti infatti che D'Annunzio ebbe cura di connotare letterariamente il suo testo, anche introducendo due toponimi di chiara derivazione verghiana. Su quest'ultimo dato, cfr. G. CONTINI, *Letteratura dell'Italia unita (1861 – 1968)*, Firenze, 1968, 376, citato anche in R. SCRIVANO, "Appunti su D'Annunzio novelliere da *San Pantaleone* alle *Novelle della Pescara*", in *Quaderni del vittoriale*, 5 – 6 (1977), 247 – 261, in part. 253 (e vedi *infra*, la n. 6).

[6] La novella dello Janni, intitolata significativamente *La vecchia fede*, apparve a puntate sulla rivista "Domani", nei nr. 25, 26, 30, 31, 32, tra il 4 agosto e il 15 settembre 1897 (e su questo vedi U. RUSSO, "D'Annunzio e la cultura abruzzese: il libro del dare e dell'avere", in AA.VV., *D'Annunzio e l'Abruzzo. Atti del X Convegno di studi dannunziani. Pescara, 5 marzo 1988*, cur. E. TIBONI, Pescara, 1989, 37, n. 18).

[7] La novella venne pubblicata sul "Fanfulla della Domenica" il 15

9

risultano "anticipate" da un articolo pubblicato dal pescarese sul "Fanfulla della Domenica", di cui è necessario premettere qui un ampio stralcio che faciliterà l'analisi comparativa condotta in seguito[9]:

[...] L'impressione fu a Miglianico, alla festa di S. Pantaleone, nella calura soffocante dell'estate, dentro la chiesa, tra il lezzo bestiale che esalava da quei mucchi di corpi umani accalcati nella mezza ombra. Era una greggia, una mandra enorme d'uomini, di femmine, di fanciulli, entrata a forza, per vedere il santo, per pregare il gran santo d'argento, per assistere al martirio dei devoti. La mandra nell'afa sudava e ansava come un solo gigantesco animale sdraiato sul pavimento a soffrire: un mugolio cupo si propagava per la navata, tra il fumo dell'incenso saliente a disperdersi. Onde d'incenso passavano su quelle mille

---

giugno 1884 con il titolo *Il fatto di Mascalico*, titolo che venne poi cambiato in *San Pantaleone* nella raccolta omonima, per poi assumere quello de *Gli Idolatri* nelle *Novelle della Pescara* e nelle *Prose scelte* pubblicate dal Treves nel 1906. Su questo, cfr. G. D'ANNUNZIO, *Tutte le novelle*, 911.

[8] La novella, "pubblicata sulla "Cronaca Bizantina – Domenica Letteraria" il 22 novembre 1885, confluì, senza notevoli varianti e con lo stesso titolo, in *San Pantaleone* e quindi negli *Idolatri*. Nel luglio 1902 apparve sul "Il secolo XX", [...] e nel 1906 nel volume trevesiano *Prose scelte*" (cfr. D'ANNUNZIO, *Novelle*, 484).

[9] Cfr. D'ANNUNZIO, *Scritti Giornalistici*, 94 – 95 (e si veda *supra*, la n. 3).

teste inchinate al suolo, onde aspre di suono fremevano riempiendo la sonorità vuota: le fiammelle giallognole nella mezza ombra tremavano e morivano. E là, in mezzo ad un solco umano, fra pareti umane, tre quattro cinque forsennati s'avanzavano strisciando, con il ventre per terra, con la lingua su la polvere dei mattoni, con le punte dei piedi rigide a sostenere il corpo. **Rettili**. I muscoli delle gambe ignude si tendevano in rilievo sotto la pelle pelosa, sotto il sudiciume della pelle nerastra; le vene delle braccia si gonfiavano in un lividore verdognolo, come piene di un umore velenoso, quasi per scoppiare; e nello spasimo dello sforzo pareva che le mani si spezzassero. Tra le dita delle mani, tra le unghie dei piedi le chiazze di sangue apparivano già; e la bocca sanguinava nello strofinio feroce sui mattoni, e su le macchie rosse che un fanatico aveva lasciate strisciava la lingua arida di una altro fanatico. **Si avanzavano così, come rettili**. Una superstizione cupa li acciecava; tutta quell'afa, tutto quel lezzo, tutto quel suono, e l'odore dell'incenso, e il tremolio delle fiammelle, e l'alito ardente che le pareti umane ventavano, tutto li abbatteva in uno stupidimento sacro, li abbarbagliava in un'allucinazione di fede, li esaltava nel dolore. S'avanzavano così, verso la muta bianca statua metallica del santo che pareva attrarli con la vuota fissità degli occhi bucati. E giungevano al santo, e gli s'abbrancavano al collo in un supremo impeto che pareva d'odio, e cercavano con la bocca dolorosa quella fredda bocca d'argento, e gl'insanguinavano nel bacio la faccia, e prolungavano il bacio *con una specie di godimento convulso, come per sentire il refrigerio del metallo su i laceramenti della lingua, come per sentire almeno rispondere a quel bacio. Restavano lì, abbrancati, sotto lo spruzzo dell'acqua santa, al mormorio del prete benedicente, fin che il cranio del compagno sopraggiunto non li urtava alle calcagna. Poi si staccavano, provando più acute le fitte; con la testa penzolante dal collo, si trascinavano via, stramazzavano per li scalini, si abbattevano su la pietra come in un tramortimento. Parevano bestie colpite in fronte; le carni ignude della schiena, delle gambe, delle braccia prendevano come una lividura di cancrena. Il santo era lì, muto, con i due terribili buchi neri sotto la sporgenza del cranio, con la impronta sanguigna del bacio su 'l viso, nella immobilità, nella lucidità crudele. [...]*

Non si vuole, qui, effettuare un raffronto esegetico fra questo passo e le sue derivazioni successive (la cosa suonerebbe un po' ovvia), ma sondare la rilevanza etnografica delle novelle, ed inizialmente risalire all'impatto che – in generale – le tradizioni popolari abruzzesi ebbero sullo scrittore pescarese. E, in particolare, si dovrà partire da un preciso assunto di Ottaviano Giannangeli[10], per cui

---

[10] Cfr. O. GIANNANGELI, "D'Annunzio e l'Abruzzo del mito", in AA.VV., *D'Annunzio e l'Abruzzo. Atti del X Convegno di studi dannunziani. Pescara, 5 marzo 1988*, cur. E. TIBONI, Pescara, 1990, 51 –

nel recupero mitico dell'Abruzzo, D'Annunzio [...], dei riti
della religione cristiana, e anche del coté cattolico, preleverà solo
quelli che potranno confarsi a una religione umana, a un'etica di
sempre, in cui l'ottimismo della creatura non sia mortificato, ma
trasmetta intatto da una generazione all'altra, da una cultura
all'altra, il rispetto e la dignità dei valori della vita, della sua
propagazione, della santità dell'etnìa, dell'amore, dei codici che
legano perennemente l'uomo all'uomo, di un Cielo che non
sopraffaccia la terra.

In altre parole, esiste in D'Annunzio una connessione ben precisa fra iconologia mistica e anelito paganeggiante, in nome del recupero di una ancestrale connessione fra divinità ed umanità. E ciò accade al modo degli antichi, i quali – come si sa – traevano la loro visione mitica da un sostrato quotidiano interpretato

---

68, in part. 60. Per l'influenza dell'ambiente abruzzese sulla vita e sull'opera del D'Annunzio, cfr. da ultimo AA.Vv., *Terre città e paesi nella vita e nell'arte di Gabriele D'Annunzio. I. L'Abruzzo, Roma e l'Italia Meridionale. XX convegno internazionale. Pescara, 6 – 7 dicembre 1996*, Pescara, 1996, in part. gli interventi di M. De Marco ("L'Abruzzo nella realtà biografica", 47 – 62) e G. Papponetti ("L'Abruzzo nell'opera poetica, narrativa e teatrale", 63 – 90). Di questo secondo intervento, si vedano in particolare la pagine 65 (per l'influenza del De Nino sulle conoscenze folcloriche del D'Annunzio, con bibliografia) e 70 e 74 (per una fugace citazione della recensione al *Voto*).

ideologicamente[11]. Si tratta, è vero, di un Abruzzo filtrato prima con gli occhi del novelliere sopraffino, e solo in secondo momento adornato di tratti che non sempre possono essere ricondotti al dato folclorico originario. Del resto, come nota acutamente Riccardo Scrivano[12],

anche l'attribuire particolari non abruzzesi all'Abruzzo, come notoriamente avviene nella novella "San Pantaleone" coi nomi d'estrazione derivazione catanese di Mascalico e Raddusa, è un fattore di eguale importanza nel rilevamento dell'orizzonte puramente, o prevalentemente almeno, letterario di queste operazioni dannunziane e nella prospettiva della degradazione dell'Abruzzo a modelli tipologici e stereotipi. Il discorso sulla tipologia è sempre stato orientato dalla critica verso il riconoscimento della presenza del mondo popolare, che è contadino, ma anche plebeo–cittadino, e sia pure di una città che

---

[11] Su tali tematiche, cfr. ora R. LAVALVA, *I sacrifici umani. D'Annunzio antropologo e rituale*, Napoli, 1991, *passim*. Nel testo della Lavalva, dedicato al tema del capro espiatorio nella produzione dannunziana, tali tematiche sono ampiamente trattate, anche in riferimento alla produzione novellistica e al *Trionfo della morte*. In generale, sull'approccio antropologico alla letteratura italiana, cfr. D.S. CERVIGNI, "Anthropological approaches to italian literature. An introduction", in *Annali d'Italianistica*, 15 (1997) 7 – 10 (nello stesso numero, alle pagine 159 – 174, è presente un intervento della stessa Lavalva su "Paradigmi sacrificali di fine Ottocento").

[12] Cfr. SCRIVANO, "Appunti", 253 – 254.

14

tra mare e campagna conserva una sua dimensione di primitività e insomma di prossimità alla natura. Invece la tipologia sociologica dannunziana è più estesa: quello ch'egli colpisce nella sua rappresentazione – e dico colpisce perché si capisca il concomitante sentimento d'insopportazione e di rifiuto – è il mondo provinciale nel suo complesso, che è popolare, ma anche borghese, o piccolo–borghese, e perfino di piccola nobiltà provinciale.

Insomma, nel D'Annunzio che descrive il rito di S. Pantaleone, appare arduo separare il livello letterario da quello etno–sociologico, anche in raffronto ai "reportages" giornalistici – anche il suo! – che forniscono il contraltare agli eventi narrati nelle due novelle. Scrive Stefano Jacomuzzi che, in questo caso

si tratta di scadenze del calendario liturgico, di feste paesane in cui l'innesto del sacro porta barnagli di dorato fulgore, mescola alla gioia istintiva, allo scatenamento dei sensi un sentore vago di mistero o uno scoppio di opulenza; oppure l'intervento del sacro viene a precisare una condizione psicologica, una storia di bontà, ma anche di personalità deviata e annientata. L'interesse dominante rimane comunque quello di carattere naturalistico–descrittivo, che del resto persiste a lungo nell'arte dannunziana anche quando essa già tenta e trova nuovi approdi [...]

con citazione proprio delle tematiche processionali, e – in particolare – degli eventi casalbordinesi leggibili nel *Trionfo della morte*, nella cui nota finale si legge che "tutte le particolarità etniche del quarto libro e del quinto sono rigorosamente esatte"[13]. Fin qui, tutto sommato, nulla di nuovo: tutti conoscono il gusto dannunziano per la differenziazione semantica, e la sua costruzione narrativa giovanile, tutta fatta di richiami carducciani e di riferimenti al ben noto Verga della novellistica maggiore[14]. Stupisce un po', invece, la foga con cui si è voluto escludere una presenza dannunziana a Miglianico nel corso della festività del santo patrono. Scrive infatti il Ciani che, nei giorni in cui il Michetti avrebbe avuto l'ispirazione del *Voto*, D'Annunzio si sarebbe trovato a Torre dei Passeri, per assistere ad "una bellissima festa militare"[15]. C'è tuttavia una testimonianza collaterale, ricordata da Annamaria Andreoli, che parrebbe smentire,

---

[13] Cfr. S. JACOMUZZI, "D'Annunzio e il simbolismo: il linguaggio liturgico–sacramentale", AA.Vv., *D'Annunzio e il simbolismo europeo. Atti del convegno di studio. Gardone Riviera, 14–15–16 settembre 1973*, Milano, 1976, 197 – 222, in part. 210 – 211 per le due citazioni.

[14] Su questo, cfr. da ultimo AA.Vv., *La capanna di Bambusa. Codici culturali e livelli interpretativi per "Terra vergine"*, cur. G. OLIVA, Chieti, 1994, *passim*, con esauriente bibliografia.

[15] Cfr. I. CIANI, "L'abruzzese Gabriele D'Annunzio", in AA.Vv., *D'Annunzio e l'Abruzzo*, 11 – 23, in part. 14.

almeno in parte, le ipotesi di Ciani: la studiosa menziona una lettera del 6 maggio 1884 a Enrico Nencioni, nella quale Gabriele afferma di aver "assistito a certe strane feste nei santuari dei dintorni", eventi che egli descrive all'amico come "incredibili [e] singolari spettacoli barbarici"[16]. L'uso del plurale farebbe ipotizzare una sicura presenza dannunziana a Miglianico, anche se la data della lettera non consente di affermare con certezza che egli vi si sia recato proprio nel 1880; sicché, tenuto conto delle oscillazioni che lo stesso Ciani ha avuto, qualche anno dopo, sullo stesso argomento[17], appare del tutto condivisibile l'affermazione di Ubaldo Serbo, che nell'episodio del pellegrinaggio a Casalbordino del *Trionfo*

---

[16] Cfr. A. ANDREOLI, intr. a D'ANNUNZIO, *Novelle*, XXXII.

[17] Cfr. I. CIANI, "La religione nel primo D'Annunzio da *Primo vere* al *Trionfo della morte*", in *D'Annunzio e la religiosità. Atti del convegno 22 – 23 giugno 1981*, per cui cfr. *Quaderni del Vittoriale*, 28 (1981), 37 – 52, in part. 42 – 43, dove, accanto all'immancabile richiamo alla recensione del *Voto* di Michetti, si legge che lo scrittore era "ben documentato sull'argomento religioso; e non solo sul versante delle sue manifestazioni folcloristiche, ma anche su quello, meno vulgato ancorché del tutto accessibile, delle sue articolazioni liturgiche: segno di un'attenta frequentazione di studi sulle tradizioni popolari, *in primis* di quelle abruzzesi, da un lato, e, dall'altro, di *Rituali e Breviarii* ecclesiastici". Sulla letteratura abruzzese all'interno del panorama religioso occidentale, cfr. L. GIANCRISTOFARO, *Cultura popolare abruzzese. La novellistica popolare abruzzese di P. Donantangelo Lupinetti*, Casoli, 2001, 53 – 55 e 57 – 65.

della morte – la cui ascendenza dallo scritto del "Fanfulla" e dalle novelle di *San Pantaleone* è indubbia – reperiva[18]

> *al di sotto e al disopra, l'esperienza di Gabriele D'Annunzio: non la sua esperienza cosciente, bensì la sua costituzione nervosa e psichica e la somma delle sue esperienze inconsce. La narrazione allucinata del pellegrinaggio, con quell'urlare continuo, e il disfacimento dei corpi e il sole e la polvere, e il malessere di Giorgio e di Ippolita, trovano corrispondenza nell'esasperata sensualità, nei toni convulsi del desiderio negli incontri dei due amanti, e nell'iperestesia testuale di Giorgio [...]: ma nei posteriori episodi autobiografici, [...], si trova lo stesso tono esasperato della narrazione, la stessa eccitazione nervosa al limite della sofferenza fisica, e in altri episodi la stessa divorante sensualità.*

Risulta quindi probabile, seguendo l'intuizione di Serbo, che la trasfigurazione del reale operata da D'Annunzio abbia fini esclusivamente letterari, che tuttavia non escludono una sua sostanziale veridicità. Rimane da chiedersi, in tale ottica, quanto possa aver pesato sulle creazioni dannunziane la conoscenza della

---

[18] Cfr. U. SERBO, "Il *Trionfo della morte*: autobiografia ossessiva di Gabriele D'Annunzio", in AA.VV., *Trionfo della morte. Atti del III Convegno Internazionale di studi dannunziani, Pescara 22 – 24 aprile 1981*, cur. E. TIBONI, Pescara, 1983, 315 – 325, in part. 322.

novellistica popolare religiosa abruzzese, alle cui argomentazioni – come efficacemente osservato Vito Moretti[19] – si legarono gli "aspetti più vari della vita anche con canti ed "urazjiùne", approntati per le coincidenze sociali della liturgia e per i pellegrinaggi ai luoghi di culto [...]", anche se la novellistica popolare d'argomento religioso si interessò in modo preferenziale della connessione fra religiosità e natura.

3. Fra gli esegeti che hanno affrontato l'analisi de *Gli Idolatri*[20], è da rilevare l'intervento di Stephane Sarkany: lo studioso francese ha voluto metterne in evidenza l'impianto "bellico", che sarebbe stato creato mediante l'utilizzo frequente di termini guerreschi e simili[21].

---

[19] Cfr. V. MORETTI, intr. a GIANCRISTOFARO, *Cultura*, 11 – 24, in part., sul tema religioso nelle leggende sacre abruzzesi, 18 – 24. Sul difficile rapporto fra religione ufficiale e religione popolare, vedi ivi, 41 – 42.

[20] Come si sa, la novella fu "pubblicata sul "Fanfulla della Domenica" il 15 giugno 1884, con il titolo *Il fatto di Mascàlico*, mutato in *San Pantaleone* nella raccolta omonima [del 1886] e riproposto invece a qualche anno di distanza negli Idolatri [del 1892]. Il racconto è tra quelli delle *Novelle della Pescara* compresi nel volume prose scelte edito dal Treves nel 1906" (per queste notizie vedi D'ANNUNZIO, *Novelle*, 481). Per la cronaca, le *Novelle* furono pubblicate nel 1902.

[21] Cfr. S. SARKANY, "*Gli Idolatri* de Gabriele D'Annunzio", in *Quaderni d'Italianistica*, 1 (1982), 44 – 50.

Centrale resta la "vendetta", "atavisme méditerraanéen récurrent, ancré dans la pratique culturelle la plus générale, individuelle par–ici et collective par–là, coutume qui régle certains rapports sociaux permanents correlés à une notion tribale de "l'honneur""[22]. Il campo semantico all'interno del quale D'Annunzio pone il suo racconto viene definito da Sarkany come "sociografia rustica", dove è possibile reperire una contrapposizione dialettica fra "petitesse" e "bestialité". Tale contrapposizione è espressa anche attraverso l'uso di termini che connotano "attributs infernaux [et] des forces maléfiques et mystérieuses"[23], e che ricondurrebbero la novella ad un'atmosfera quasi biblica, con la rinuncia dei Radusani alla loro cattolicità ed un ritorno degli stessi ad un istinto psicologico primordiale. In tal senso, si può sicuramente concordare con il Sarkany quando sostiene che "l'aggressivité debridée, contrairement à celle qu'on sait canaliser, engendre une entropie d'energies improductive"[24].

Non molto diversa, nel contempo, è la posizione di E. Lunardi[25]. Egli ha cercato di sottolineare come il testo di D'Annunzio sia tragicomico ("a parody of Christian

---

[22] Vedi ivi, 44.

[23] Ivi, 46.

[24] Ivi, 47.

[25] Cfr. E. LUNARDI, "D'Annunzio's *Gli Idolatri* at the dawn of verismo", in *Forum Italicum*, 2 (1983), 225 – 229.

religion [...], the parody of debased military operations"),
e miri a connotare mitologicamente in senso pagano le
figure che vi sono descritte[26]. Un'intuizione di tal genere,
peraltro, era già presente nel testo di Sarkany, il quale
rileva che lo scrittore, in siffatta occorrenza, utilizzi moduli
ironici che avrebbero qualcosa "de petit e de parodique", a
dimostrazione di un'estetica che "renferme déjà sa propre
critique ironique"[27]. Lunardi, peraltro, tende anche a
negare che l'apporto verghiano allla definizione della
struttura della novella sia elevato; mediante un confronto
esegetico con *Guerra di santi*, egli ha messo in evidenza la
sostanziale autonomia del testo dannunziano da quello
dello scrittore catanese, mostrando come il lato parodico,
in Verga, sia del tutto assente[28].

Chi scrive, altrove, notava invece l'elemento
processionale, reperibile anche in altri racconti dello stesso
autore, ma qui descritto con un impeto "feroce, [...]
parrossistic[o]", che denoterebbe una medioevalizzazione
del testo e il richiamo a tecniche narrative già presenti
nelle "Chansons de geste" (come ad esempio il
rovesciamento dell'idolo nemico dagli altari)[29]. A questa

---

[26] Vedi ivi, 226.

[27] Cfr. SARKANY, "*Gli Idolatri*", 49.

[28] Cfr. LUNARDI, "D'Annunzio's", 228.

[29] Cfr. G. PANNUNZIO, "Il simbolo prossemico nel D'Annunzio
novelliere", in AA.Vv., *D'Annunzio. Per una grammatica dei sensi*,

sottolineatura critica, si vorrebbe ora aggiungere un dato più concreto, consistente nell'inserimento della descrizione dannunziana all'interno dello schema mitico studiato dal Ginzburg a partire dalle battaglie per la fertilità[30]. Tale inserimento, fra l'altro, si inquadra facilmente all'interno dello schema già proposto da Sarkany, soprattutto laddove egli mette in evidenza che la contrapposizione fra le due comunità è, nel contempo, di tipo sacrale ed antropologico. Notazioni interessanti, a livello folclorico, anche da parte del Crocioni, che in un testo del 1928 (vecchio, ma ancora valido), sosteneva che la tradizione[31]

a chi la intenda, rivela fatti innumerevoli, mentre si serba muta per gli altri [...] alla tradizione viva, infinitamente più ricca delle raccolte, e che ognuno può interrogare, dalla quale mosse certamente il Poeta, anche se ispirato, talvolta, dai quadri del Michetti [...]. Né v'ha timore di equivocare: la tradizione popolare, complessa e fino lutulenta, non si lascia scambiare con invenzioni di poeta per quanto originale esso sia: chi abbia

---

Chieti, 1992, 47 – 80, in part. 65 – 72.

[30] Cfr., orientativamente, C. GINZBURG, *I benandanti. Stregoneria e culti agrari tra Cinquecento e Seicento*, Torino, 1974[3], *passim*.

[31] Cfr. G. CROCIONI, *Problemi fondamentali del folklore, con due lezioni su il folklore e il D'Annunzio*, Bologna, 1928, 65 ss.gg., in part., per la citazione, 72.

consuetudine col popolo vero distingue l'invenzione dalla riproduzione un miglio lontano.

In questo passo il Crocioni sembra dar credito ad un sostanziale presenzialismo dannunziano, almeno nel caso specifico delle cerimonie religiose, anche tenendo conto di una formale ripetitività dei gesti rituali (struscio delle ginocchia e delle lingue, palesamento delle piaghe, etc.) laddove si venga messi di fronte a eventi che coinvolgono santuari. La passione per quella che il Crocioni – seguito in ciò anche dal Toschi[32] – chiama "psicologia popolare abruzzese"[33] si esplicherebbe proprio nelle due novelle di cui ci si sta occupando; esse avrebbero "un unico tema: il fanatismo religioso", dal momento che, in tutta evidenza, sono[34]

---

[32] Cfr. P. TOSCHI, "Le tradizioni popolari nell'opera di G. D'A.", in *Abruzzo*, 3 (1963), 258 – 270, che amplifica "G. D'A. e le tradizioni popolari", in *Nuova Antologia*, 16 marzo 1938, 236 – 238. Vedi anche, al proposito, A. ROSSI, "D'A. giovane, il verismo, e le tradizioni popolari", in AA.VV., *D'Annunzio giovane e il verismo. Atti del I Convegno internazionale di studi dannunziani. Pescara, 21 – 23 settembre 1979*, cur. E. TIBONI, Pescara, 1981, 41 – 58, dove però, a onta del titolo, il problema delle tradizioni popolari non è minimamente affrontato.

[33] Vedi ivi, 75.

[34] Ivi, 82.

precedute da visioni apocalittiche [...], congeste di elementi vetusti e tradizionali, accompagnati da esorcismi sacerdotali, e da una "costernazione suprema" delle femmine e da un antico odio ereditario di tutta la gente di un paesetto abruzzese, [talché] gli avvenimenti narrati si svolgono in un atmosfera di odio ereditario ribollente nell'animo, sotto una specie di fatalità sanguinaria. Quegli idolatri [...], rivelano una penetrazione profonda nel regno del folklore.

Per il Crocioni, quindi, le scene cardine della novella si pongono come "verace pittura di una convulsa scena popolaresca, non rara tra le turbe abruzzesi", e sono state scritte con l'intento di mostrare come esista una indubitabile connessione fra culti antichi e moderne ritualità cristiane[35].

Diversa appare, nel contempo, la posizione di Italo Testa, per il quale la novella[36]

nasce preordinata alla sua rappresentazione di furore idolatra: questo è però nella occasionale invenzione: l'ispiratrice vera, in quanto è nel profondo interesse della psicologia dannunziana, è la ferocia: l'acre e sensuale compiacenza della

---

[35] Ivi, 83.

[36] Si veda I. TESTA, *Aspetti del verismo dannunziano. Da "Terra vergine" alle "Novelle della Pescara"*, Lanciano, 109 – 113, in part., per la citazione, 109.

strage, col quale motivo cominciamo a travalicare il verismo in ordine agli interni motivi dell'arte dannunziana. Ma l'invenzione si sviluppa su un coerente movimento psicologico.

Per il Testa, in sostanza, saremmo di fronte a[37]

un mondo primordiale nel quale la religiosità è la tensione estrema di tutte le altre passioni, la cieca e misteriosa disposizione d'animo che le arroventa. Così la realtà non è quella delle normali dimensioni [...] entro cui si è venuta svolgendo e corrompendo. Nasce un gradino più su di quella ordinaria nei toni dalla rappresentazione, già nel principio portata come realtà di un'allucinazione.

Un'allucinazione, dunque, e le situazioni narrative assumono valore mitico proprio in nome di un totale distacco dalla realtà. Quest'ultimo, tuttavia, si nutre della realtà stessa, con una sorta di parassitismo tematico non immune da qualche traccia di compiacimento esteriore. Il sovradimensionamento del reale, insomma, non è portato fino in fondo, e una connessione sia pure paradossale con gli eventi storici c'è sempre, anche se essi possono apparire, ad una prima analisi, del tutto inverosimili. Siffatta tipologia compositiva, assai particolare, è stata poi riproposta da Lunardi, il quale, senza conoscere le

---

[37] Vedi ivi, 110.

acquisizioni critiche del Testa, individua nella novella dannunziana "the "psychedelich" or hallucinating effects of sounds and lights [...]"[38]; essa, peraltro, caratterizza molti dei testi del D'Annunzio giovane, e – essendo rintracciabile anche negli *Idolatri* – rende finalmente ragione di tutte le oscillazioni che la critica ha mostrato nel collocare geograficamente e storicamente i fatti descritti nella novella. Perché, in fondo, le ritualità degli *Idolatri* sono solo in nuce, sono accennate all'inizio, sono, infine, il pretesto per collegare la narrazione al suo principale movente, la violenza. Sempre il Testa, assai lucido nella sua pur datata analisi, sostiene di aver rilevato "nelle riprese, nei passaggi, nel ripetersi della descrizione su variazioni, della strage che immette nella strage, un'amplificazione sonora di toni cupi, su toni alti con dei luccichii sinistri qua e là che sono come di luci balzanti fra gli uccisi; [...]. E tutto sente dello sforzo e dell'artificio [...]"[39]. Si noti il termine "amplificazione": esso indirizza il discorso diegetico proprio verso una costruzione iperbolica della realtà, che appare di certo artificiosa, ma che, allo stesso tempo, non deroga "in toto" dalla sua credibilità originaria. In effetti, se nelle descrizioni dannunziane degli eventi relativi alla festività di San Pantaleone vi è, senza dubbio, qualcosa di manierato (ma

---

[38] Cfr. LUNARDI, "D'Annunzio's", 227.

[39] Cfr. TESTA, *Aspetti*, 112.

intendendo per manierismo l'uso di strumenti retorici atti a costruire l'impalcatura descrittiva della narrazione[40]), ciò può essere fatto derivare – come si vedrà in seguito – da un conato autofagico, e non soltanto da un impulso citazionale, che pure è ampiamente reperibile. Il Grossi, sempre in riferimento a tali questioni, faceva notare che "lo scatenamento dell'ira selvaggia della turba, [...] diviene occasione per un insistito impegno di raffigurazione di scene ed immagini sanguinose e crudeli, con un indugio esasperato sui tratti più orripilanti e macabri"[41]. Raffigurazione, dunque, e non pura invenzione, come peraltro è implicito anche nell'analisi di Rosamaria LaValva, per la quale[42]

sacrifici umani tra i più efferati esigono sempre i valori religiosi, le sacre tradizioni incarnate ripetutamente dagli idoli, dalle statue di legno, di cera, di bronzo. Nelle manifestazioni collettive, nelle feste religiose popolari, nelle processioni, nei

---

[40] Vedi, per i prodromi di questa definizione, G.R. HOCKE, *Il manierismo nella letteratura*, tr. it., Milano, 1965, 70, dove si legge che "il manierismo è sempre il risultato di forti tensioni dualistiche con il numinoso, con la società, con il proprio io".

[41] Vedi P. GROSSI, "Aspetti e funzioni del religioso primitivo nelle opere abruzzesi", in AA.VV., *D'Annunzio e la religiosità. Atti del convegno 22 – 23 giugno 1981*, raccolto a sua volta in *Quaderni del Vittoriale*, 28 (1981), 69 – 82, in part. 72.

[42] Cfr. LAVALVA, *I sacrifici*, 41.

pellegrinaggi, il sacrificio è raramente simbolico o ideologico e diventa invece atrocemente reale. Folle adoranti e inconsapevoli uccidono vittime senza nome; accozzaglie miserevoli di uomini e donne dai tratti animaleschi, diventano preda di forze misteriose che annullano la volontà e la ragione.

La dimensione collettivistica implicata nel discorso della LaValva definisce molto chiaramente i connotati di un rito in cui "il violento e il rituale coincidono ma una calma soltanto apparente segue la strage poiché la violenza reciproca non ha trovato il meccanismo liberatorio della vittima unica come strumento di prevenzione contro il ciclo della vendetta"[43].

4. Tuttavia, in un discorso esegetico più preciso, che cioè voglia includere un qualche genere di analisi socio–religiosa, non si può negare che *Gli Idolatri* dicono poco sull'elemento cultuale. Per tale ragione, non si può essere d'accordo con la Tamassia Mazzarotto, la quale – esaminando brevemente gli apporti michettiani all'arte di D'Annunzio[44] – sostiene che

---

[43] Vedi ivi, 42.

[44] Cfr. G. TAMASSIA MAZZAROTTO, *Le arti figurative nell'arte di Gabriele D'Annunzio*, Milano, 1949, 510. Su tali problematiche, cfr. anche R. BERTAZZOLI, "*La figlia di Iorio* da Michetti a D'Annunzio", in *Annali d'Italianistica*, 5 (1987), 161 – 177, con ulteriore bibliografia.

Nel Voto la festa di San Pantaleone a Miglianico ispira dal vero, come le potenti descrizioni dannunziane degli "Idolatri" nel "San Pantaleone", gli studi a tempera e il quadro determinato subitamente dalla forte impressione riportata da quel dramma di brutalità, di superstizioni, di pervertimenti di terrori... Gli studi non rappresentano che un gagliardo e sano nutrimento di verità che nel quadro apparirà assimilato, pronto quindi a un processo di semplificazione severa ed eroica.

In effetti, dagli elementi che emergono nella novella in questione si può solo desumere:

a) che la processione di San Pantaleone si svolgeva in estate[45];

b) che la statua del santo era d'argento[46];

c) che l'ostensione del braccio è evento eccezionale, perché normalmente la processione si svolgeva alla presenza della statua intera. Essa si ha "su la porta della chiesa, in mezzo al fumo di due turiboli", con un prete che, vestito dei paramenti sacri, "scongiurava

---

[45] "La gran piazza sabbiosa scintillava come sparsa di pomice in polvere. Tutte le case a torno imbiancate di calce parevano roventi come muraglie d'una immensa fornace che fosse per estinguersi [...]" (e cfr., a titolo d'esempio, D'ANNUNZIO, *Le novelle*, 102).

[46] "Il busto d'argento era portato di nuovo a spalle [...]" (cfr. ivi, 110).

l'aria gridando le parole latine: – *Ut fidelibus tuis aëris serenitatem concedere digneris. Te rogamus, audi nos"*[47].

Di tali notazioni, solo la prima è credibile, risultando in parte veritiera la terza (che cioè la processione del santo vedeva la presenza di tutta la statua, e non solo di un moncone). La seconda appare invece falsa, in quanto la statua di San Pantaleone, tuttora conservata presso la cattedrale di Miglianico, è totalmente lignea. Su di essa, si è oggi informati di più e meglio, non solo dai vecchi studi di Verlengia[48], ma anche da ricerche più recenti effettuate da Rosella Bosi[49]. Non ci si soffermerà sulle circostanze leggendarie del suo ritrovamento[50], anche se forse qualche riflessione in

---

[47] Vedi ivi, 105 (c.vo dell'autore).

[48] Cfr. F. VERLENGIA, *Tradizioni*, 15 – 18, in part. 15 – 16.

[49] Cfr. R. BOSI, *La scultura lignea nel territorio di Chieti dal XIII al XVI secolo*, tesi di laurea discussa presso l'Università degli Studi "G. D'Annunzio" di Chieti, a.a. 1985 –'86, 74 – 76.

[50] Trovata "il giorno 8 settembre di un anno impreciso" da un viandante in una fornace spenta, la stata sarebbe stata consegnata all'arciprete, il disinteresse del quale avrebbe fatto riapparire la statua nella stessa fornace, con immancabile seguito di processione solenne per riportare la statua a Miglianico. Ma cfr., su questo, VERLENGIA, *Tradizioni*, 15, che riconduce tale notizia allo storico abruzzese del '700 Antonio Ludovico Antinori (ma non è stato possibile reperire il passo antinoriano in oggetto). Al contrario, la Andreoli, citando Gibellini, richiama "una leggenda raccolta da Cosimo del Monte Tammaro nel volume *Indice delle fiabe abruzzesi*, Firenze, 1971", senza varianti

proposito dovrebbe esser fatta; quello che interessa la ricerca in oggetto è il dato iconologico, decifrato con estrema accuratezza proprio dal Verlengia, secondo il quale la statua lignea sarebbe[51]

alta m. 1.25, tinteggiata e dorata, e [...] ben conservata. Il Santo, in tunica rossastra scendente a pieghe rade e piene, stretta alla vita da una cintola, mantello dorato e copricapo rotondo di colore azzurro–cupo con bordi d'oro, diritto, in piedi, frontale, mostra con una mano la palma della gloria, e sostiene con l'altra il modello di Miglianico. Le forme sono sciolte, spigliate, ma sobrissime, contenute; i piani sono ampi e danno luogo a vasti campi di colore; lo sguardo è fiso in avanti, la espressione è muta, ermetica; la posa ieratica, immobile.

Per lo studioso peligno, la scultura – d'autore ignoto ma forse di bottega abruzzese e di gusto popolaresco – rivelerebbe "la sua derivazione da vecchi modelli romanici e bizantini" e potrebbe esser datata "tra la fine del secolo XIV e i primi decenni del secolo che segue", cioè allo stesso

---

notevoli rispetto al testo del Verlengia. Per questi ultimo dati, cfr. D'ANNUNZIO, *Novelle*, 911. Per quanto concerne il ritrovamento settembrino, è da rilevare inoltre che esso potrebbe rendere ragione della duplicità del festeggiamento rituale implicata successivamente (e vedi *infra*, la n. 56).

[51] Cfr. VERLENGIA, *Tradizioni*, 15 – 16.

livello della coeva statua di S. Urbano di Bucchianico[52]. Come osserva Rossella Bosi, che ha schedato l'opera nel 1985, essa non si trova nella sua collocazione originale[53], venendo "ridipinta più volte nel corso dei secoli passati"[54], e acquisendo anche elementi posticci come il nimbo che le cinge la testa e il modellino della città di Miglianico nella mano sinistra[55]. Per il resto, l'analisi della Bosi concorda essenzialmente con quella di Verlengia, anche se l'autrice della schedatura mantiene qualche riserva sulla possibilità di una lettura plastica più approfondita[56]. Insomma, la

---

[52] Vedi ivi, 16.

[53] Cfr. BOSI, *La Scultura Lignea*, 74.

[54] Vedi ivi, 76.

[55] Cfr. ivi, 74. In effetti, normalmente il santo "viene rappresentato mentre regge una scatola con medicamenti oppure qualche strumento usato in medicina, elementi tipici dei santi che guarivano senza ricompensa" (e cfr. ivi, 75). Per una scansione diacronica delle variazioni intercorse nella struttura interna ed esterna della statua, cfr. anche G. D'ANNUNZIO, "Il voto", 94 – 95, dove la statua del santo è detta "bianca […] metallica […] con la vuota fissità degli occhi bucati", lasciando intendere che – almeno fino al luglio 1880, data cui si riferisce la descrizione dannunziana – la statua aveva forse fattezze parzialmente diverse rispetto a quanto è possibile leggere nelle descrizioni successive (per cui vedi *infra*), anche se non al punto da trasformarla da lignea in argentea.

[56] Per la Bosi, "le forme sono sobrie e contenute; vi è infatti una totale assenza di movimento e di ricerca plastica che si evidenzia sia nel volto, inespressivo, sia nell'impostazione della figura, saldamente

statua del santo, anche se ha avuto modificazioni nella dipintura superficiale, è sempre stata lignea, pur emanando sicuramente riflessi metallici che, nella fantasia dello scrittore, hanno finito con il debordare. Certo, è anche ampiamente possibile che la tradizione miglianichese sia stata contaminata attraverso la conoscenza di riti analoghi: in effetti, in almeno una località italiana, la statua del santo è completamente argentea[57], e questo dato avrebbe anche potuto essere conosciuto dal D'Annunzio, la cui erudizione nel campo delle tradizioni popolari fu attestata a suo tempo anche dalle bibliografie specifiche[58]. Riepilogando, e anche

---

ancorata al suolo dalle grosse scarpe. Allo stato attuale la statua di S. Pantaleone presenta delle pesanti ridipinture che ne alterano il modellato non consentendo una lettura stilistica più approfondita" (cfr. BOSI, *La Scultura Lignea*, 75).

[57] Si sta parlando della statua custodita a Vallo della Lucania, nel Cilento, altro paese di cui S. Pantaleone è patrono. Si noti che anche a Vallo la statua, che segue quelle lignee di altri ventitré santi, viene portata in solenne processione per le vie del paese.

[58] Vedi, in proposito, P. TOSCHI, *Saggi di letteratura popolare*, Milano, 1943, 236 – 240, in part. 237, dove è detto che lo scrittore figura come "folklorista" nella *Bibliografia delle tradizioni popolari* del Pitrè, "per alcune sue favole e novelle" pubblicate proprio fra il 1886 e il 1887 sulla "Cronaca Bizantina" e sulla "Tribuna". Pitrè, nello stesso testo, nota con "acredine" che il D'Annunzio avrebbe in realtà manipolato, e riportato come sue "trouvailles", anche due leggende già presenti nelle *Sacre leggende abruzzesi* del De Nino.

anticipando notazioni contenute in documenti di cui si tratterà successivamente, emerge il seguente schema:

I) D'Annunzio: Santo d'argento (s. Pantaleone degli *Idolatri*); santo di bronzo con arti superiori e testa d'argento (s. Gonselvo); santo consistente in una "muta bianca statua metallica" (s. Pantaleone del "Fanfulla");

II) Balzano: Santo "di legno, d'aspetto bizantino";

III) Verlengia: santo di legno

IV) Janni: Santo "scolpit[o] nel legno di qualche umile albero paesano"

4. Diverso appare il caso della novella *L'Eroe*. È bensì vero che la processione in essa descritta si svolge a settembre, e che il santo in questione è san Gonselvo; tuttavia, l'analisi antropologico-letteraria può essere facilitata da due facili rilievi:

a) in alcune parti d'Italia, la festa di San Pantaleone si svolge a settembre[59];

-----

[59] In particolare a Crema, dove il santo si festeggia il 17 settembre. Nel comune irpino di Montoro inferiore, invece, alla festa del santo – regolarmente tenuta il 27 luglio – si contrappone quella

b) nelle leggende miglianichesi, la statua del santo viene ritrovata miracolosamente l'8 settembre[60];

c) di San Gonselvo – stranamente – non si ha traccia nelle liste dei santi patroni italiani, né con il nome attribuitogli da D'Annunzio, né con i nomi, più probabili, di Gonsalvo o Consalvo. Negli elenchi ecclesiastici esistono, è vero, molti Gonsalvi, di cui due sono santi e cinque beati. Riguardo ai primi, tuttavia, uno è un vescovo vissuto fra il 942 e il 969, ed è venerato nella cittadina spagnola di Mondoñedo, durante la Pentecoste; il secondo è un Gonzalo Garcia,

---

del patrono San Nicola da Tolentino, che si festeggia appunto il 10 settembre. Il santo, sempre festeggiato a luglio, è anche patrono di Ravello, comune della costiera amalfitana, di Martignano presso Lecce, e di Montauro, in Calabria (tutte queste notizie sono state ottenute via web). La notevole presenza di culti simili nelle zone costiere del meridione potrebbe far pensare a una penetrazione bizantina, ma i casi di Montoro e di Crema sembrano sollevare dubbi al riguardo. In proposito, non ci è stato possibile consultare gli atti del convegno AISSCA del 1998 ("San Pantaleone. Tradizione agiografica e culto civico"), attualmente in corso di stampa, dove pare che tali problematiche siano ampiamente discusse.

[60] Cfr. *supra*, la n. 47. Sulla datazione della festa di san Pantaleone, si veda J.M. SAUGET – A.M. RAGGI, "San Pantaleone di Nicomedia", in AA.Vv., *Bibliotheca Sanctorum*, Roma, 1966, coll. 108 – 118, in part. coll. 113 – 115, dove vengono proposte – in base a vari sinassari occidentali e bizantini – le date del 27 e 28 luglio, del 12 ottobre, e del 13 luglio.

un giovane francescano portoghese crocifisso in Giappone nel 1597 e festeggiato il 23 gennaio e/o il 5 febbraio (secondo le liste calendariali). Se si elimina dubitativamente l'ipotesi di una suggestione clericale sincronica (san Gonzalo Garcia fu infatti canonizzato nel 1862 da Pio IX), l'aggancio fra culti siffatti e l'Abruzzo appare abbastanza inconsistente. Si tenga conto, inoltre, che la venerazione degli altri beati – tutti presenti nei vari sinassari fra giugno, ottobre e gennaio – è limitata anch'essa alla zona gallego–lusitana[61], sicché, a meno di ammettere un'improbabile conoscenza da parte del D'Annunzio di cerimonie o di testi letterari dell'area iberica (invero assai ricca), l'ipotesi di una reale sostanza del culto di san Gonselvo viene a cadere del tutto.

Rimane quindi un'unica alternativa: assegnare alla processione descritta nell'*Eroe* connotati che, in sostanza, sono gli stessi dell'analogo rito che si svolge a Miglianico in estate, rito a cui D'Annunzio avrà sicuramente partecipato almeno una volta. È vero, a differenza della statua del suo opposto, quella di san Gonselvo è detta essere "enorme, di bronzo vuoto, nerastra, con la testa e

---

[61] Tutte queste notizie si trovano nelle omonime voci presenti in AA.VV., *Bibliotheca Sanctorum*, coll. 99 – 103 (la compilazione di questi lemmi è a cura di vari studiosi).

con le mani d'argento, pesantissima"[62], ma la cosa può essere facilmente spiegata come un ovvio condizionamento narrativo, generatosi per poter consentire allo scrittore una connessione con le vicende che vedono protagonista uno dei portatori. Che poi la differenza fra i due idoli, uno argenteo e brillante, l'altro scuro e cupo, possa definire un contrasto bene vs. male, è cosa che, in tale contesto, interessa relativamente. Quello che importa è, ancora una volta, la dimensione processionale, da analizzare essenzialmente sotto l'aspetto della ritualità. Il corteo messo in scena nell'*Eroe* è caratterizzato dalla presenza dei "grandi stendardi di San Gonselvo", retti da "uomini di statura erculea", ma anche dal fatto che "sulle vie, da una finestra all'altra avevano tese le coperte nuziali", mentre "gli uomini avevano inghirlandato di verzura le porte e infiorato le soglie"[63]. È assolutamente innegabile che i tratti fondamentali della processione del 27 luglio qui siano presenti tutti, come emerge da un facile confronto con il seguente passo, dovuto alla penna di Francesco Verlengia[64]:

[…] *Il 27 luglio d'ogni anno conviene a Miglianico una folla varia e intensa che riempie il paese: son fedeli che vanno a*

---

[62] Cfr. D'ANNUNZIO, *Novelle*, 115.

[63] Vedi ivi, 115.

[64] Cfr. VERLENGIA, *Tradizioni*, I, 17 – 18 (ma vedi *supra*, la n. 3).

sciogliere i loro voti, son commercianti che vanno a vendere le loro mercanzie, con festaioli che vanno per divertimento o per spasso. La folla si accalca nella piazza, si addensa nelle case, gremisce la chiesa parrocchiale, ove, tra candele accese, rutilante d'oro, è esposta la statua di S. Pantaleone. Nell'ora di mezzogiorno, dopo la messa cantata, sfila la processione. San Pantaleone esce a benedire i suoi fedeli. Tra il suono delle campane, gli inni delle bande e lo sparo delle bombe, il Santo percorre le vie del paese, si ferma presso le case, ove qualche dolore l'invoca, dove mani trepide di riconoscenza appuntano sulla fascia di velluto rosso, ch'egli reca a tracollo, doni votivi, si ferma sul piazzale della chiesa, ove si scopre di lontano l'antica contrada che l'ospitò[65] e la piccola strada, attraverso la quale, il viandante prima il popolo poi lo trassero nel nuovo santuario della fede. Intorno è la gran festa della natura: la Majella cerula e diafana profila la sua mole contro l'ardente cielo di mezzogiorno, il mare stende quieta la sua massa azzurra tremolante di punte diamantine, mentre tra i colli gialli di stoppie e rabescati di viti, il piano del Foro offre al sole la fiorente dovizie de' suoi orti e de' suoi frutteti, immersi nella pace grande e luminosa dell'ora, piena di Dio.

---

[65] Il Verlengia si riferisce qui ai luoghi dove, secondo la leggenda, la statua venne originariamente ritrovata (per cui vedi VERLENGIA, *Tradizioni*, 15).

Quelle "candele accese" e quel santo "rutilante d'oro", citati dal Verlengia all'inizio della sua commossa testimonianza, fanno il giusto paio con le parole dannunziane. "Nella chiesa la moltitudine agglomerata cantava quasi in coro, al suono degli stromenti per intervalli misurati. Un calore intenso emanava dai corpi umani e dai ceri accesi. La testa argentea di San Gonselvo scintillava dall'alto come un faro"[66]: anche se Verlengia avrà sicuramente tenuta presente le descrizioni di D'Annunzio e Janni (quest'ultima soprattutto per il finale), queste coincidenze semantiche sembrano risalenti più a una consonanza rituale che a una mera citazione letteraria. La struttura del breve bozzetto, che è naturalmente connesso al testo che lo precede sia in *San Pantaleone* che nelle *Novelle*[67], gravita attorno al

trionfo della fazione vittoriosa: si sacrifica al Patrono il grano, si rinfrescano consuetudini antiche [...], sdi spinge il fervore religioso fino all'eroismo [...]. Il Poeta usa frasi dialettali che danno speciale colore ai dialoghi, usa frasi popolane di significato pregnante a chi le intenda ricorda "una vecchia femmina esperta nel medicare ferite", allude a costumi locali.

---

[66] Cfr. D'ANNUNZIO, *Novelle*, 119.

[67] Per Ciani (e cfr. I. CIANI, *Storia di un libro dannunziano. "Le Novelle della Pescara"*, Milano–Napoli, 1975, 128), l'*Eroe* costituirebbe la "conclusione aneddotica" degli *Idolatri*.

Qui veramente il Poeta scruta la psicologia popolare con occhi aperti e acuti, con sicuro fiuto delle ottuse, fisse, immutabili mentalità di ignoranti e di fanatici

A tali osservazioni del Crocioni si possono accostare le sottolineature operate dal solito Testa, per il quale nel racconto c'è[68]

un ritmo secco; una linearità di costrutti a note ripide e staccate. Il movimento di massa è contenuto: tutto è riaffiorante in chiarità perché tutto si veda bene, con [...] l'arte dannunziana di dare esemplarità, come di apparizioni colte per la prima volta, alle cose più comuni: anche la serie di nomi e cognomi degli otto "privilegiati" che dovranno portare la statua in processione, come se si trattasse di partecipanti a un fatto d'armi, mira a dare al racconto la singolarità di un fatto memorabile.

Secondo lo studioso abruzzese, il protagonista epico della novella, cioè l'Ummalido, assume valore tragico nel momento in cui i dati che lo caratterizzano vengono ad essere caricati di quella stessa secchezza di tocco che il D'Annunzio usa per delimitare lo stile del testo[69]:

---

[68] Cfr. TESTA, *Appunti*, 112.
[69] Vedi ivi, 113.

[la] sintassi per coordinate brevi, che da una parte mira a lasciare alle cose l'imponenza, o la grandezza che naturalmente posseggono, dall'altra a creare e a mantenere come interna una insistenza a poco a poco ossessiva, è [...] l'interiorità di vita lirica. [...] Lo stesso dialetto, quasi sempre sovrapposizione in D'Annunzio, non scaturente da un ritmo interno, dalla piega naturale del discorso, qui ha funzione di solennizzazione. In complesso, la freddezza che vuol essere questa volta nella tecnica della rappresentazione, è un risultato di rappresentazione fredda essa stessa.

La derivazione della novella da antecedenti maupassantiani (come ricordato, in ultimo, da Guy Tosi[70]) non ne scalfisce il tessuto narrativo, che è – oggettivamente – ricollegabile a un sostrato esperienziale ben definito.

Per il Grossi, invece, analogamente a quanto sottolineava anche Rosamaria Lavalva nel suo studio menzionato in precedenza[71], va fatta luce sul senso sacrificale del gesto dell'Ummalido, il quale agisce "tra l'ebbra furia della folla invasata, frastornata dagli strumenti rimbombanti nelle navate della chiesa, soffocata dal calore dei ceri e dai fumi dell'incenso, abbagliata dai

---

[70] Cfr. G. TOSI, "D'Annunzio, le réalisme et le naturalisme français. Les thèmes, la langue et le style" in AA.VV., *D'annunzio giovane*, 59 – 99, in part. 124.

[71] Cfr. *supra*, la n. 10.

fulgori dell'idolo argenteo"[72]. E dire che nessuno, fra i critici, ha individuato il valore estatico dell'esperienza collettiva che vede al suo centro l'Ummalido come protagonista, e l'intera folla dei fedeli in qualità di officianti del rito! Ancora Ginzburg viene in aiuto, con la sua connessione fra estasi rituali, di tipo sciamanico e paganeggiante, e corrispondenti cerimonie cristiane, adattate e ricollocate secondo i diversi bisogni di una mitologia rinnovata[73].

Quanto alla processione, cui è d'uopo ritornare, va ribadito che stilemi analoghi, sono reperibili non solo nel citatissimo e ovvio *Trionfo della morte*, ma anche in un altro escerto giornalistico riguardante la festa francavillese di san Franco; in questo pezzo, segnalato dal Grossi e risalente al 1888[74], si legge che

[...] *i balconi son gremiti di donne e di fanciulli; il vento scuote i drappi ed agita gli stendardi; il sole suscita fulgori abbaglianti dai vetri, dai metalli, dalla carta dorata; le voci nasali dei chierici si mescono agli squilli delle trombe, ai rulli dei tamburi, agli scoppi dei petardi, ai rintocchi delle campane; e voli di colombe spaventate attraversano il cielo oltremarino, come segni inviati dall'Altissimo ai devoti.*

---

[72] Cfr. GROSSI, "Aspetti", 73.

[73] Cfr. C. GINZBURG, *Storia notturna*, Torino, 1989, *passim*.

[74] Cfr. GROSSI, "Aspetti", 74 – 75, in part. 75.

L'articolo, intitolato appunto *Santi e madonne in terra*, dimostra se non altro che la tematica processionale ha scandito le tappe creative del primo D'Annunzio in modo assolutamente coevo rispetto a quella poetica dell'iterazione che fu individuata da Eurialo De Michelis, qualche anno or sono, come uno dei nodi cardine del tessuto narrativo dannunziano[75]. In tal senso, si veda anche la già menzionata predilezione che lo scrittore dimostrò nei confronti del linguaggio liturgico-sacramentale[76], e – infine – il riutilizzo degli stessi stilemi nella novella *Ad altare dei*, come intuito dal Ciani nel suo noto studio sulle *Novelle della Pescara*[77]. In quest'ultimo caso, fra l'altro, si rinnova una sottile duplicità dell'ispirazione, tutta giocata fra il culto di san Pantaleone e quello mariano; questo dato, che si analizzerà brevemente in seguito, dimostra come il sistema della "contaminatio" sia un paradigma esegetico chiarificatore rispetto a quella che, a prima vista, appare come una sostanziale oligotematicità del rito.

---

[75] E. DE MICHELIS, "Le "ripetizioni"", in AA.VV., *Trionfo*, 205 – 222.

[76] Cfr. *supra*, la n. 12.

[77] Cfr. CIANI, *Storia*, 34 ss.gg.

5. Per quel che concerne il *Trionfo della morte*, infine, procedere a una individuazione dei momenti topici della processione descritta dal D'Annunzio pare assai più importante che definire filologicamente le contaminazioni testuali (peraltro, assai evidenti)[78]. Basterà partire dall'assunto già citato del Ciani, e l'elencazione delle contaminazioni sarà del tutto consequenziale:

a) *Il libro delle vergini*, 1884;
b) *S. Pantaleone*, 1886;
c) *Santi e madonne in terra*, 1888;
d) *Il Trionfo della morte*, 1892.

Si notino, invece, le dimensioni narrative del discorso antropologico, che si è provveduto a suddividere utilizzando come punto di riferimento le pagine della corrente edizione mondadoriana:

1) Descrizione dello "spettacolo meraviglioso" visibile davanti al santuario" (pp. 235 – 236);
2) Descrizione della chiesa (p. 236);
3) Descrizione delle "compagnie" (pp. 236 – 238);

---

[78] Oltre ai già citati atti del convegno del 1981, sul *Trionfo* si veda la corposa bibliografia raccolta in G. D'ANNUNZIO, *Trionfo della morte*, cur. M.G. BALDUCCI, Milano, 1995, CXVI – CXXI.

4) Descrizione delle bettole poste davanti al santuario, e della "crapula" truffaldina che vi si svolgeva (pp. 238 – 239);

5) Descrizione del giro delle compagnie attorno alla chiesa, per entrare nella medesima, nonché dei "duci" e dei malati che li accompagnavano (pp. 241 – 244);

6) Descrizione degli ex–voto (p. 244);

7) Descrizione dei gesti rituali compiuti dentro la chiesa (pp. 247 – 253).

La struttura della "fabula" dannunziana è in tutto e per tutto simile alla realtà; in un suo recente studio, Mario Rubei utilizza campi semantici analoghi per descrivere la festa della Madonna della Libera a Pratola Peligna[79]. Notevole, ad esempio, è la descrizione del rito della cosiddetta "incubatio", consistente nel pernottamento dei fedeli all'interno della chiesa, anche con motivazioni copulative[80]. Che, pressappoco, è quanto il D'Annunzio mette in luce tratteggiando il "carnaio" della chiesa della Madonna dei Miracoli, dove "mucchi di corpi umani inerti ingombravano il pavimento"[81]. La dormizione rituale, già ampiamente illustrata dal Pansa[82] e ormai non più

---

[79] Cfr. M. RUBEI, "Forme di incubatio e litoiatria in alcuni santuari abruzzesi (I parte)", in *Rivista Abruzzese*, 2 (1990), 101 – 113.

[80] Cfr. RUBEI, "Forme", 102, 106 e 109.

[81] Cfr. D'ANNUNZIO, *Trionfo*, 246.

consentita, aveva luogo anche in altri santuari d'Abruzzo, ragion per cui l'esperibilità degli eventi è quanto meno ipotizzabile, se non pienamente certa.

Altro punto notevole è quello riguardante i riti penitenziali della "reptatio"; Si tenga conto che questo cerimoniale (in dialetto, lo "strascino") è tipico dei pellegrinaggi[83], e che l'utilizzo del termine "rettile" – ripetuto, ed evidenziato in grassetto dallo scrivente in quasi tutte le testimonianze letterarie affrontate finora[84] – si ripete perfino in una sottolineatura di Italo Berni, relativa al santuario della SS. Trinità di Vallepietra, e menzionata dal Maresca in un suo recente studio sui pellegrinaggi abruzzesi[85]:

---

[82] Cfr. G. PANSA, *Miti, leggende e superstizioni dell'Abruzzo*, Sulmona 1924, 113 ss.gg.

[83] Cfr. M. MARESCA, "Il pellegrinaggio nella cultura popolare abruzzese" in *Rivista Abruzzese*, 1 (1999), 55 – 64, in part. 61. Sul pellegrinaggio, sia pure solo in generale, cfr. anche GIANCRISTOFARO, *Cultura*, 175 – 176, con un minimo di bibliografia.

[84] Si notino inoltre, nel *Trionfo*, i fedeli che "avanzavano a poco a poco verso l'altare; strisciavano come rettili […]", o il momento in cui "si distendeva sui lenti rettili un'onda d'incenso cerulea lentamente" (e cfr D'ANNUNZIO, *Trionfo della morte*, 247 e 248); nella novella di Janni, invece, si viene informati sul fatto che "sul suolo lasciato libero un uomo si trascina, […], le membra stracche per quel cammino di rettile". Per quel che riguarda gli altri testi contenuti nel presente saggio, si vedano appunto i passi evidenziati.

[85] In MARESCA, "Il pellegrinaggio", 63 (senza riferimento di data e

46

*Uomini e donne si precipitano dentro urlando come ossessi; si gettano addosso alla roccia che baciano con furore, **strisciando come rettili sul pavimento**, si slanciano verso l'altare, difeso da una solida inferiata, con alte grida e con la faccia sconvolta, tesa verso l'immagine sacra. Hanno gli occhi stralunati; chi si batte il petto, chi si strappa i capelli, chi scuote l'inferiata, come per richiamare su di sé la speciale attenzione delle tre persone divine che da sopra l'altare sembrano fissare su quegli energumeni uno sguardo smarrito [...]*

La somiglianza fra il brano di D'Annunzio e questo squarcio del Berni (senza contare il passo di Balzano di cui si dirà in seguito) è impressionante. Si noti il termine "energumeni": esso, che a prima vista si qualifica come una semplicistica banalizzazione, ricorda invece gli analoghi "ercoli" e gli "uomini di statura erculea" di cui parla D'Annunzio nelle due novelle analizzate in precedenza,[86] per non citare un termine analogo che si trova proprio all'interno del *Trionfo*[87].

---

di fonte).

[86] Cfr. D'ANNUNZIO, *Novelle*, 115.

[87] "Giravano, senza mai soffermarsi, [...] eccitati dagli urli degli energumeni e dai clamori interni [...]" (cfr. D'ANNUNZIO, *Trionfo*, 244).

Quanto alle "compagnie", e a quelli che il D'Annunzio chiama "duci", bisogna subito dire che essi erano una costante nei pellegrinaggi del passato. Sempre in riferimento al santuario di Vallepietra, il Maresca ci informa che alla guida dei singoli gruppi di pellegrini c'era sempre "un priore, o capo–compagnia, di solito un anziano [...], al quale spettava anche l'esercizio di particolari rituali variabili da zona a zona"[88]. Sono davvero poche le differenze fra questi "priori" e i "duci" di Casalbordino, e l'abilità del D'Annunzio sta proprio nell'averli descritti in modo antropologicamente attendibile. Da ultimo, e parallelamente a quanto già osservato per la processione dell'*Eroe*, va sottolineata la coincidenza cronologica fra testo novellistico, romanzo e ricorrenza festiva, con particolare riferimento all'uguaglianza strutturale "festa di san Pantaleone al di fuori dell'Abruzzo = festa della Madonna della Libera (8 settembre) = festa di san Gonselvo nell'*Eroe*".

6. La novella di Ettore Janni citata all'inizio del presente studio non si distacca, a livello tonale, dal suo illustre antecedente dannunziano. Secondo Umberto Russo[89], sono tre i momenti che Janni riprenderebbe dal D'Annunzio:

---

[88] Cfr. MARESCA, "Il pellegrinaggio", 60.
[89] Cfr. U. RUSSO, "Il giovane Janni e la cultura abruzzese alla fine

1) la "venerazione quasi superstiziosa dell'immagine del Santo, con i pellegrini che avanzavano carponi sul pavimento della chiesa", dal *Voto*;
2) le "scene di fanatismo religioso", ascrivibili, stavolta, al *Trionfo della morte*;
3) la "processione delle donne che recavano sulla testa conche con donativi di grano". Queste conche, chiamate dallo Janni "canefore", sarebbero una coincidenza lessicale, derivata dalla lettura di un articolo che lo stesso D'Annunzio pubblicò nel 1888 sulla "Tribuna" con lo pseudonimo di "Duca minimo" e il titolo *La vita al mare*. La notazione, peraltro, è ripresa anche nel testo del Balzano che verrà analizzato fra poco, laddove l'autore parla di "una schiera di donne recanti sul capo canestre di grano con in mezzo un rametto di basilico"[90].

Come si può vedere, il valore dello scritto janniano non è elevatissimo, e tuttavia le pur interessanti osservazioni del Russo appaiono un po' riduttive. Nella novella, infatti, sono presenti anche richiami ad un buonismo fideistico di matrice manzoniana, richiami che sicuramente lo Janni

---

dell'Ottocento", in AA.VV., *Ettore Janni. Atti del convegno di studio tenuto ad Atessa il 20 – 21 aprile 1985*, Chieti, 1990, 169 – 183, in part. 178 (da cui tutte le citazioni elencate).

[90] Vedi *infra*, la n. 93.

avrà tratto dalla sua cultura di base, ma anche e soprattutto dalla matrice umanitaria di stampo socialista che caratterizzava l'ideologia da lui professata allora[91]. In un'ottica del genere vanno lette frasi come le seguenti[92]:

E ora, ogni molta che il superbo messidoro chiama al lavoro della mietitura nostra gente gagliarda, dopo che l'arco lucido de le falci ha scintillato fra il grano maturo, e le spighe sono cadute fra gli stornelli da poderosi petti levati nel sole torrido, il santo vede la sua piccola chiesa affollarsi e la stola e la nicchia riempirsi di offerte; e nel primo giorno de la festa da quella sua nicchia esce a ridestare, immobile idolo nel mezzo de la chiesa, l'ululo de la vecchia fede avita appassionata nel cuore dei semplici.

Da segnalare c'è anche un secondo brano, che pare una ripresa antifrastica – su movenze che ricordano vagamente il Fogazzaro di *Piccolo mondo antico*[93] – del famosissimo

---

[91] Cfr., su questo, AA.Vv., *Ettore Janni*, *passim*, dove l'iniziale infatuazione del giovane giornalista atessano per le idee socialiste è ampiamente trattata.

[92] Vedi *infra*, appendice.

[93] Ci si riferisce all'episodio della morte di Ombretta ("Luisa era seduta sul letto con la sua bambina morta in braccio, la stringeva, la baciava sul viso e sul collo, gemeva, premendovi su le labbra, gemiti lunghi, inesprimibili"; ""Zio zio zio", fece Luisa con voce grossa di tenerezza, senza guardarlo, stringendosi il cadaverino sul seno,

episodio della madre di Cecilia riportato dal Manzoni nei *Promessi Sposi*[94]. Ma ecco, per una inquadratura più puntuale, il seguente confronto esegetico:

TESTO MANZONI

Scendeva dalla soglia d'uno di quegli usci, e veniva verso il convoglio, una donna, il cui aspetto annunziava una giovinezza avanzata, ma non trascorsa; e vi traspariva una bellezza velata e offuscata, ma non guasta, da una gran passione, e da un languor mortale: quella bellezza molle a un tempo e maestosa, che brilla nel sangue lombardo. La sua andatura era affaticata, ma non cascante; gli occhi non davan lacrime, ma portavan segno d'averne sparse tante; c'era in quel dolore un non so che di pacato e di profondo, che attestava un'anima tutta consapevole e presente a sentirlo. Ma non era il solo suo aspetto che, tra tante miserie, la indicasse così particolarmente alla pietà, e ravvivasse per lei quel sentimento ormai stracco e ammortito ne' cuori. Portava essa in collo una bambina di forse nov'anni, morta; ma

---

cullandolo"; "Si lasciò sdrucciolare dal letto a terra, si avviò verso lo zio stringendosi al petto col braccio sinistro la sua dolce morta, passò l'altro al collo del vecchio, gli sussurrò: "un bacio, un bacio alla tua Ombretta, un bacio solo, uno solo""; "Ella indietreggiò cupa, stringendosi la sua morta sul seno" (per questi passi, cfr. A. FOGAZZARO, *Piccolo mondo antico*, cur. G. CATTANEO, Roma, 1995, 215 – 216).

[94] Vedi *infra*, appendice.

tutta ben accomodata, co' capelli divisi sulla fronte, con un vestito bianchissimo, come se quelle mani l'avessero adornata per una festa promessa da tanto tempo, e data per premio. Né la teneva a giacere, ma sorretta, a sedere sur un braccio, col petto appoggiato al petto, come se fosse stata viva; se non che una manina bianca a guisa di cera spenzolava da una parte, con una certa inanimata gravezza, e il capo posava sull'omero della madre, con un abbandono più forte del sonno: della madre, ché, se anche la somiglianza de' volti non n'avesse fatto fede, l'avrebbe detto chiaramente quello de' due ch'esprimeva ancora un sentimento.

TESTO JANNI

Ed ecco una suprema tristezza. Una madre si avanza col figlio fra le braccia, si fa largo tra la folla, lo depone su la base de la statua, gli solleva il roseo gonnellino de la festa, e scoppia in un pianto dirotto. Corre un brivido tra la folla: teste si sporgono: che è? E quelli che hanno visto tra le gambucce rosee l'immane gonfiore, prorompono di nuovo nel coro di amorosa concordia: − San Pantaleone! San Pantaleone! Ella, la povera donna, col capo scoperto dal fazzoletto caduto su le spalle, con le braccia in alto, dà lagrime invece di parole, straziante preghiera di un'anima che il dolore fende come il vapore una roccia, lasciandone sgorgare l'amarissima fontana: poi le braccia riabbassa sul bimbo, attonito e turbato ne la sua candida ignoranza del male e de la guarigione *invocata, lo stringe, lo solleva, come un'offerta, come la triste palpitante perorazione de le lagrime sue.*

Passi di tal genere, che sono solo esemplificazioni dimostrative, sono venati anche da notevoli e chiarissime influenze bozzettistiche e scapigliate; esse si ripetono all'interno di tutta la novella, anche tramite la dimostrazione di un impulso solidaristico e di protesta sociale che invece nel D'Annunzio è del tutto assente. La partecipazione affettiva dello Janni nei confronti della protagonista (una giovane contadina che prega il santo di guarire il suo bambino da un'infezione ai genitali) è contrapposta significativamente alla "vox populi", secondo la quale le carestie verificatesi nella valle del Foro dopo il 1880 erano da ascriversi proprio alla venuta del Michetti. Una doppia lettura, dunque: da un lato, c'è uno Janni che, stilisticamente, non esita ad affondare le mani nel vocabolario e nelle forme letterarie utilizzate dal D'Annunzio; dall'altro, e in modo più sottile, il discorso ideologico è completamente opposto rispetto a quello prospettato nelle *Novelle* e nel *Trionfo*, con la predicazione (neppure tanto velata) di un egualitarismo sociale di ascendenza critistianeggiante, non del tutto lontano dalle idee professate nello stesso periodo, ad esempio, dal Pascoli e dal De Bosis. In tale ottica, giova anche rilevare che l'influsso dannunziano si risolve spesso in uno scimmiottamento ironico, a volte intriso di sottile sarcasmo, e ciò è rilevabile soprattutto nell'episodio grottesco della dipintura del "Voto" (con i contadini miglianichesi che considerano l'atto apportatore di sventura a tal punto da voler linciare Michetti, il quale è costretto a "fuggi[re] per insolite vie"!), o nell'accenno ai "fantasmi apparsi durante la veglia per i deserti notturni de la campagna, ai crocicchi maledetti o nei boschi neri, [al]le minacce di parole o di forme udite o viste durante i sonni gravosi", che vengono fatti nascere da uno "stomaco grossolanamente rimpinzato" e da un "cervello ripieno di paurose storie"[95]. E alla fine, l'implicita condanna di Janni nei confronti del cerimoniale svelamento delle piaghe si palesa nella contrapposizione fra quest'ultima e il momento prosodiaco, in un connubio dialettico dove si fronteggiano termini appartenenti ai diversi campi semantici della luce e dell'oscurità.

7. I testi analizzati mostrano da diverse angolazioni lo svolgersi della festa. Ma è soprattutto quello dovuto alla penna di Vincenzo Balzano che, pur non essendo scevro di suggestioni dannunziane, si concede squarci descrittivi tipici di tanta "travelling literature", seguendo la moda di coloro di coloro – e sono tanti[96]! – che già in precedenza

---

[95] Vedi *infra*, appendice.

[96] Su questo tema, e recentemente, cfr. A. DEL CIOTTO, *La*

54

erano rimasti affascinati dal genuino primitivismo di tante feste popolari abruzzesi[97]:

> [...] *Ho visto a Miglianico, alla festa di San Pantaleone, che ha ispirato Il Voto di F.P. Michetti, la fede dei buoni abruzzesi assumere una forma terribile di esasperazione. In una angusta gabbia – provvida gabbia – è il Santo, che ha fama di miracoloso in tutto l'Abruzzo pel male repugnante da cui resta gonfia e deforme una parte delicatissima del corpo: un Santo di legno, d'aspetto bizantino, che nella sua rigidità grossolana ispira una specie di ribrezzo. Ho visto uomini e donne, scalzi, disfatti da lungo cammino e dal lungo pianto, trascinarsi sui ginocchi dalla porta della chiesa alla statua, lacerandosi la lingua contro i mattoni del pavimento; e intorno alla gabbia un gruppo tempestoso di supplici, fra cui una madre che, alzato un suo bimbo, ne denudava in faccia la santo la deformità, come per attestare la necessità del miracolo. Grida e pianti in tutta la chiesa, e un'afa terribile, che faceva scendere lungo le facce abbronzate gocce di sudore grosse come le lacrime: di tratto in tratto delle mani di disperati scuotevano la gabbia di ferro con*

---

letteratura di viaggio in Abruzzo dal Medioevo al Novecento, tesi di laurea discussa presso l'Università degli Studi "G. D'Annunzio" di Chieti, a.a. 1997 – '98, *passim*, citata in *Bollettino dell'Archivio degli Scrittori Abruzzesi e Meridionali*, Chieti, 1999, 90 – 91.

[97] Cfr. V. BALZANO, *Abruzzo e Molise*, Torino, 1927, 246 – 247 (e vedi *supra*, la n. 3).

urla selvagge, e il Santo di legno soprastava immobile alla tempesta d'angoscia, con quei suoi strano occhi fissi e crudeli, che facevano quasi ribrezzo. E pure, fuori dalla chiesa, quella stessa fede sapeva forme di gentilezze ammirevoli. Nella processione di quello stesso Santo, seguiva alla statua una schiera di donne recanti sul capo canestre di grano con in mezzo un rametto di basilico, e il procedere lento e superbo di quelle donne dalle braccia forti sollevate in alto e dalle anche robuste ondeggianti ritmicamente pareva rinnovare uno spettacolo di festa pagana, sotto il cielo azzurro, fra le campagne ricche di frutti, nella pompa del sole meridionale. E nella notte precedente, per tutte le strade che salivano sul colle, a Miglianico, s'erano incontrate le "compagnie" di pellegrini, guidate dal crocifero, che diffondevano per le due valli e per gli echi del colle il monotono "viva Maria", e, nelle pause, recitavano le litanie: di quel passaggio la campagna e la notte prendevano un senso di dolcezza e di mistero. [...]

Al tradizionale "struscio" delle ginocchia e della lingua, concluso con il bacio della bocca di un santo metallico dalle orbite vuote[98], si affiancano – più realisticamente – "una angusta gabbia di ferro – provvida gabbia", e un "Santo di legno, d'aspetto bizantino, che nella sua rigidità grossolana ispira una specie di ribrezzo", al quale i supplicanti offrono le proprie deformità affinché

---

[98] Cfr. D'ANNUNZIO, *Scritti*, 95.

le guarisca[99]. L'escerto del Balzano, come è facile vedere, possiede anch'esso notevoli ascendenze dannunziane e janniane, tanto da porsi quasi sullo stesso livello di quello di Italo Berni che si è citato poc'anzi, e con il quale ha qualche affinità di struttura non riconducibile soltanto al comune sostrato letterario. Un esempio caratterizzante può essere rappresentato dal fatto che la statua miracolosa della Trinità di Vallepietra doveva essere difesa da robuste inferiate di ferro, che servivano a proteggerla dalla furia iconodula dei fedeli esattamente come per il San Pantaleone descritto dal Balzano.

Tornando brevemente al testo di Verlengia, che oggi appare come una specie di richiamo turistico (e lo si potrebbe perfino considerare tale se non si tenesse conto del periodo in cui fu scritto[100]!), va rilevato che vi si trovano indubitabili motivi d'interesse, pur tenendo conto del fatto che esso si pone all'estremità più lontana di quell'arco di testimonianze che parte dal 1880. La processione esterna alla chiesa (quella con il passaggio della statua per le vie del paese) viene infatti descritta

---

[99] Cfr. BALZANO, *Abruzzo*, 246.

[100] Il testo del Verlengia fu infatti originariamente pubblicato il 4 febbraio del 1943, in pieno secondo conflitto mondiale, anche se con ogni probabilità venne scritto nel gennaio dello stesso anno, forse proprio per commemorare il sessantesimo anniversario dell'articolo dannunziano citato all'inizio.

completamente solo dal Verlengia, e solo in parte dallo Janni[101]. Gli elementi tradizionali sono molti, anche se superficialmente essi potrebbero apparire mutuati dalle descrizioni dannunziane: si vedano quelle "donne recanti sul capo canestre di grano con in mezzo un rametto di basilico"[102], o le ""compagnie" di pellegrini, guidati dal crocifero, che diffondevano per le due valli e per gli echi del colle il monotono "viva Maria", e, nelle pause, recitavano le litanie"[103], o infine come quel S. Pantaleone che "percorre le vie del paese, si ferma presso le case, ove qualche dolore l'invoca, dove mani trepide di riconoscenza appuntano sulla fascia di velluto rosso doni votivi, si ferma sul piazzale della chiesa [...]". A coronamento di queste splendide descrizioni, un'unica riflessione va fatta: prendendo per buona la narrazione verlengiana (ma non si vede perché non si dovrebbe), si può ipotizzare che, fra il 1927 e il 1943 la ritualità dell'evento si sia modificata, forse per quelli che Pansa definisce "i più elementari motivi dell'igiene e della morale"[104], che in periodo fascista furono degnati di un'attenzione particolare.

---

[101] Vedi, *infra*, l'appendice documentaria.

[102] Con paragone Janni e D'A.

[103] Vedi ivi, 247.

[104] Cfr. PANSA, *Miti*, 113, richiamando proprio il rito dell'incubazione.

PER UN'ANALISI ANTROPOLOGICA DELLE FONTI DI BRAM STOKER: IL "CASO" DI R.M. RENFIELD.

1. A quanto pare, la figura dell'alienato Renfield, nella letteratura scientifica inerente il *Dracula* di Bram Stoker, non ha avuto l'onore d'uno studio specifico[105]. E infatti il Renfield stokeriano è, lo si può dire senza tema di smentite, un personaggio che l'autore getta nella mischia senza dire nulla della sua storia precedente. Questo fatto avviene con una sfacciataggine e un senso del nascondimento che non viene mai violato, sicché i lettori sono portati a chiedersi come mai il saggio e posato Renfield (saggio e posato, ché in qualche rara evenienza di lucidità Stoker così ce lo mostra) sia divenuto preda del malefico potere del vampiro valacco[106]. Ecco come esso è presentato nella descrizione "clinica" del dottor Seward:

---

[105] Agli studi citati nel mio "Un *revenant* in Sicilia: Capuana e la letteratura vampirica", in *Studi Medievali e Moderni*, 2 (1998), 157 – 192, in part. 159, n. 7, aggiungi almeno C. SENF, *Bram Stoker*, Cardiff, 2010, con bibliografia aggiornata. Per quel che concerne il testo di riferimento, senza trascurare l'edizione annotata dal Wolf, cfr. B. STOKER, *Dracula*, cur. A.N. WILSON, London, 1988[5], da cui tutte le citazioni

[106] Anche F. Ford Coppola, nella sua trasposizione filmica del romanzo di Stoker uscita nel 1992 e sulla scia di Tod Browning e di Murnau, deve dipingere Renfield come un agente immobiliare, mandato in Transilvania per perfezionare l'acquisto di Carfax Abbey

R. M. Renfield, ætat 59.--Sanguine temperament; great physical strength; morbidly excitable; periods of gloom, ending in some fixed idea which I cannot make out. I presume that the sanguine temperament itself and the disturbing influence end in a mentally-accomplished finish; a possibly dangerous man, probably dangerous if unselfish. In selfish men caution is as secure an armour for their foes as for themselves. What I think of on this point is, when self is the fixed point the centripetal force is balanced with the centrifugal; when duty, a cause, etc., is the fixed point, the latter force is paramount, and only accident or a series of accidents can balance it.

Le parole di Seward sembrano tratte di pari passo da un trattato di psichiatria ottocentesca[107]; il vago

---

prima di Harker e colà rimasto vittima dell'oscuro potere di Dracula. Su ciò, cfr. G.A. WALTER, *The Living and the Undead: From Stoker's Dracula to Romero's Dawn of the Dead*, Urbana (IL), 1986, 376 ss.gg; A.M. STRUMER, *The Creatures of the Night: Vampires from Books to Films*, Hattiesburg (MS), 2007, 113; e soprattutto B. STEIGER, *Real Vampires, Night Stalkers and Creatures from the Darkside*, Canton (MI), 2010, 107.

[107] Su tali questioni, in riferimento all'ambiente inglese, cfr. L. GOLDMAN, *Science, reform and politics in Victorian Britain. The Social Science Association 1857–1886*, Cambridge, 2002, con bibliografia. Sempre in relazione alla psichiatria in ambito inglese, cfr. anche P. BARTLETT, *The poor law of lunacy. The administration of pauper lunatics in mid–nineteenth–century England*, London, 1999; E. HARE, *"The history of*

riferimento ad un "io" posseduto da Renfield appare più come una cognizione orecchiata dal nascente dibattito sulle idee freudiane che come una fonte diretta da qualche testo più all'avanguardia. E in effetti, anche i termini "depressione" e "idee fisse" (nonché, altrove, "inutili fissazioni") appaiono sostanzialmente desueti, o meglio, non sono vicini a quello specifico linguaggio tecnico che proprio Freud e i suoi seguaci propagandarono (o a cui diedero la stura) a tutta la psichiatria continentale. La "Sindrome di Renfield" (ché questo è il moderno nome scientifico della malattia mentale che affligge il personaggio stokeriano[108]) trova la sua precipua singolarità nel fatto che egli non si limita a amare gli animali, ma arriva addirittura a cibarsene. Gli impulsi omicidiarii di Renfield, peraltro citati spesso da Stoker, sono strettamente legati alla sua passione zoofilica, come si può facimente capire leggendo il passo in cui Seward gli nega il possesso d'un gatto. Appare evidente che Stoker, il

'nervous disorders' from 1600–1840 and a comparison with modern views", in British journal of psychiatry, 159 (1991), 37 – 45; A. SCULL, The most solitary of afflictions. Madness and society in Britain 1700–1900, New Haven, 1993.

[108] Per queste definizioni, cfr., esemplificativamente, H. PRINS, "Vampirism – A clinical condition", in British Journal of Psychiatry, 146 (1985), 666 – 668; e soprattutto R. NOLL, Vampires, Werewolves and Demons: Twentieth Century Reports in the Psychiatric Literature, New York, 1992, passim, con bibliografia.

quale conia per Renfield il neologismo di "zoofago"[109], vuol mettere in evidenza i continui sbalzi d'umore del folle personaggio, anche attraverso una serie di alternanze narrative che lo mostrano prima triste (o adirato) e in un secondo momento perfino allegro:

When I came in he ran to me and said he wanted to ask me a great favour, a very, very great favour; and as he spoke he fawned on me like a dog. [...] He went without a word, and sat down, gnawing his fingers, in the corner where I had found him. [...] Visited Renfield very early, before the attendant went his rounds. Found him up and humming a tune. He was spreading out his sugar, which he had saved, in the window, and was manifestly beginning his fly-catching again; and beginning it cheerfully and with a good grace.

Da notare la comparazione zoomorfa "come un cane": essa potrebbe sembrare casuale ma in realtà è legata a un sostrato di diversa natura ed è certamente connessa a sostrati d'ascendenza più antica. Il tutto viene ad essere condito, e non è una novità, da un positivismo di fondo

---

[109] Per Seward, il folle Renfield "[...] is of a peculiar kind. I shall have to invent a new classification for him, and call him a zoophagous (life-eating) maniac; what he desires is to absorb as many lives as he can, and he has laid himself out to achieve it in a cumulative way [...]".

che è soltanto l'anticamera del dubbio, non la sua negazione. La follia di Renfield viene addirittura scambiata per mania religiosa, anche se Stoker si premura di seminare, sin da principio, un piccolo ma significativo indizio, che – come si vedrà – porta a esplorare ben altri sentieri:

Strange and sudden change in Renfield last night. About eight o'clock he began to get excited and sniff about as a dog does when setting. The attendant was struck by his manner, and knowing my interest in him, encouraged him to talk. He is usually respectful to the attendant and at times servile; but to-night, the man tells me, he was quite haughty. Would not condescend to talk with him at all. All he would say was: "I don't want to talk to you: you don't count now; the Master is at hand." The attendant thinks it is some sudden form of religious mania which has seized him. If so, we must look out for squalls, for a strong man with homicidal and religious mania at once might be dangerous.

In questo caso, un'altra citazione zoomorfa si accompagna ad una frase sibillina, che – visto l'ambiente – pare rimontare a stereotipi cristianeggianti e che invece nasconde altro. La palese bipolarità di Renfield si mostra anche altrove, anche in casi in cui egli simula un'impressionante guarigione:

For half an hour or more Renfield kept getting excited in greater and greater degree. I did not pretend to be watching him, but I kept strict observation all the same. All at once that shifty look came into his eyes which we always see when a madman has seized an idea, and with it the shifty movement of the head and back which asylum attendants come to know so well. He became quite quiet, and went and sat on the edge of his bed resignedly, and looked into space with lack-lustre eyes. [...] I found Renfield sitting placidly in his room with his hands folded, smiling benignly. At the moment he seemed as sane as any one I ever saw. I sat down and talked with him on a lot of subjects, all of which he treated naturally. He then, of his own accord, spoke of going home, a subject he has never mentioned to my knowledge during his sojourn here. [...] I remember hearing the sudden barking of the dogs and a lot of queer sounds, like praying on a very tumultuous scale, from Mr. Renfield's room, which is somewhere under this. And then there was silence over everything, silence so profound that it startled me, and I got up and looked out of the window. All was dark and silent, the black shadows thrown by the moonlight seeming full of a silent mystery of their own. Not a thing seemed to be stirring, but all to be grim and fixed as death or fate; so that a thin streak of white mist, that crept with almost imperceptible slowness across the grass towards the house, seemed to have a sentience and a vitality of its own.

Il motivo della preghiera rituale, ripreso poi dal Lovecraft di *The Case of Charles Dexter Ward*, appare presente anche altrove[110]; ma ben più interessante, nella disamina del personaggio, è questo lungo escerto relativo all'evasione di Renfield dal manicomio del dottor Seward:

I could see Renfield's figure just disappearing behind the angle of the house, so I ran after him. On the far side of the house I found him pressed close against the old ironbound oak door of the chapel. He was talking, apparently to some one, but I was afraid to go near enough to hear what he was saying, lest I might frighten him, and he should run off. Chasing an errant swarm of bees is nothing to following a naked lunatic, when the fit of escaping is upon him! After a few minutes, however, I could see that he did not take note of anything around him, and so ventured to draw nearer to him the more so as my men had now crossed the wall and were closing him in. I heard him say: "I am here to do Your bidding, Master. I am Your slave, and You will reward me, for I shall be faithful. I have worshipped You long and afar off. Now that You are near, I await Your commands, and You will not pass me by, will You, dear Master, in Your

---

[110] "[...] This morning the man on duty reported to me that a little after midnight he was restless and kept saying his prayers somewhat loudly [...]".

67

distribution of good things? [...] I shall be patient, Master. It is coming, coming, coming!".

Qui siamo di fronte ad alcuni dati di fatto: Renfield, dotato di una forza bestiale (altrove un vetturino, davanti agli scagnozzi di Seward, paragonerà Renfield a una bestia) evade sradicando le inferiate del manicomio[111], fermandosi poi per invocare il suo maestro. In altre parole, la forza erculea posseduta da Renfield viene utilizzata come espediente per ascriverne la personalità al mondo delle fiere (le comparazioni zoomorfe implicano infatti la tigre, uno sciame d'api, una bestia selvaggia), onde demarcare un elemento di separazione tra lui e il restante mondo degli umani, pur essendo lui dotato di doti carismatiche non comuni, che in quello stesso consorzio umano lo avrebbero fatto ben figurare. Queste annotazioni relative al mondo degli animali sono accompagnate, talvolta, ad una sottile connessione con atmosfere lunari:

As his room is on this side of the house, I could hear it better than in the morning. It was a shock to me to turn from the wonderful smoky beauty of a sunset over London, with its lurid lights and inky shadows and all the marvellous tints that come

---

[111] Si noti che la cosa accadrà nuovamente, una volta con l'aiuto interessato dello stesso Seward e un'altra – di cui si discuterà più oltre – in modo autonomo.

on foul clouds even as on foul water, and to realise all the grim sternness of my own cold stone building, with its wealth of breathing misery, and my own desolate heart to endure it all. I reached him just as the sun was going down, and from his window saw the red disc sink. As it sank he became less and less frenzied; and just as it dipped he slid from the hands that held him, an inert mass, on the floor. It is wonderful, however, what intellectual recuperative power lunatics have, for within a few minutes he stood up quite calmly and looked around him. [...] Can it be that there is a malign influence of the sun at periods which affects certain natures--as at times the moon does others? We shall see.

Si diceva della terza evasione di Renfield: essa possiede alcune caratteristiche peculiari, che val la pena desumere leggendola per intero:

This time he had broken out through the window of his room, and was running down the avenue. I called to the attendants to follow me, and ran after him, for I feared he was intent on some mischief. My fear was justified when I saw the same cart which had passed before coming down the road, having on it some great wooden boxes. The men were wiping their foreheads, and were flushed in the face, as if with violent exercise. Before I could get up to him the patient rushed at them, and pulling one of them off the cart, began to knock his head against the ground. If I had not seized him just at the moment I believe he would have killed the man there and then. The other fellow jumped down and struck him over the head with the butt-end of his heavy whip. It was a terrible blow; but he did not seem to mind it, but seized him also, and struggled with the three of us, pulling us to and fro as if we were kittens. You know I am no light weight, and the others were both burly men. At first he was silent in his fighting; but as we began to master him, and the attendants were putting a strait-waistcoat on him, he began to shout: "I'll frustrate them! They shan't rob me! they shan't murder me by inches! I'll fight for my Lord and Master!" and all sorts of similar incoherent ravings. It was with very considerable difficulty that they got him back to the house and put him in the padded room.

In questo caso, è possibile notare che Renfield chiama di nuovo in causa il suo Maestro, sia pure con termini diversi, e che egli si impegna in una colluttazione con i vetturini arrivati a Carfax Abbey, dove viene colpito da uno di loro "with the butt-end of his heavy whip [...]".

2. Al di là di tutto, Renfield è un mentitore, ma involontario, in parte ignaro del male occulto che lo ha colpito (il divorare ragni e mosche è infatti un atto compulsivo), in parte capace di affondare in un proprio mondo di ricordi che sfiora la normalità. Ecco come, dopo

aver ingoiato tutto il suo repellente carico di ragni e mosche per fare pulizia, si rivolge a una meravigliata Mina Harker:

"You will, of course, understand, Mrs. Harker, that when a man is so loved and honoured as our host is, everything regarding him is of interest in our little community. Dr. Seward is loved not only by his household and his friends, but even by his patients, who, being some of them hardly in mental equilibrium, are apt to distort causes and effects. Since I myself have been an inmate of a lunatic asylum, I cannot but notice that the sophistic tendencies of some of its inmates lean towards the errors of non causa and ignoratio elenchi". I positively opened my eyes at this new development. Here was my own pet lunatic, the most pronounced of his type that I had ever met with talking elemental philosophy, and with the manner of a polished gentleman.

Altrove, ancora interrogato da Seward, in un residuo di affabulazione religiosa e tramite una citazione biblica[112], Renfield arriverà a dire:

---

[112] È probabile che qui Stoker alluda al cosiddetto *Libro di Enoch,* un apocrifo che venne riscoperto proprio alla metà dell'Ottocento e che custodisce rivelazioni di tipo escatologico. Il testo fu variamente rivalutato e studiato nel corso del secolo XIX. Su ciò, cfr. AA.VV., *The Early Enoch Literature,* cur. G. BOCCACCINI – J.J. COLLINS, Leiden, 2007,

"Oh no! Far be it from me to arrogate to myself the attributes of the Deity. I am not even concerned in His especially spiritual doings. If I may state my intellectual position I am, so far as concerns things purely terrestrial, somewhat in the position which Enoch occupied spiritually!" This was a poser to me. I could not at the moment recall Enoch's appositeness; so I had to ask a simple question, though I felt that by so doing I was lowering myself in the eyes of the lunatic: "And why with Enoch?". "Because he walked with God." I could not see the analogy [...].

Le ambigue allusioni di Renfield, che si riferiscono evidentemente al suo rapporto con Dracula e alla sua ormai affiorante sete di sangue umano, sono gettate così, senza coscienza, quasi che – come si è rilevato – il personaggio non si renda conto della portata complessiva di quel che va dicendo (e si noti anche la risibile ignoranza del medico, che non riesce a cogliere le abbastanza chiare indicazioni del suo paziente recluso). Questa inconsapevolezza nella menzogna rende Renfield un uomo a metà, un essere collocato – appunto – nell'incerto limite tra il mondo del bene e quello del male, come se egli, vicino al contempo agli uomini e agli animali, si sentisse dimezzato ed incapace di distinguere quali delle

---

con ampia bibliografia alle pagine 337 ss.gg.

due parti di sé appaiono davanti a chi lo sta interrogando. Come si sa, il mito dell'uomo dimezzato è antropologicamente assai diffuso[113], nonché ampiamente studiato, e qui val la pena di sottolineare come Stoker se ne serva per connotare in senso quasi sciamanico la figura di Renfield. Quando egli chiede agli astanti di essere creduto, pone una condizione che per loro è inaccettabile, ma che è significativa di una limitazione a cui lo stesso Renfield non può sfuggire:

[...] Dr. Van Helsing, I have nothing to say. Your argument is complete, and if I were free to speak I should not hesitate a moment; but I am not my own master in the matter. I can only ask you to trust me. If I am refused, the responsibility does not rest with me [...].

Una posizione liminare di tal genere, posta tra follia e saggezza e intuita perfino dal rude texano Morris ("[...] if that man wasn't attempting a bluff, he is about the sanest lunatic I ever saw. I'm not sure, but I believe that he had some serious purpose, and if he had, it was pretty rough on him not to get a chance [...]") rende appunto Renfield un'icona della divisione, un individuo lacerato

---

[113] Cfr. GINZBURG, *Storia notturna*, pp. 221, con citazione di R. NEEDHAM, "Unilateral figures", in ID., *Reconnassainces*, Toronto, 1980, 17 – 40, con bibliografia.

da una duplice ed eversiva spinta: da un lato, il condizionamento mentale del Maestro, dall'altro la libertà, intesa essa – peraltro – come ritorno ai vincoli e agli obblighi della "gentilhommerie" vittoriana. In sé, il contrasto è stato già ben definito dalla letteratura specifica sul *Dracula* di Stoker e non è il caso di ritornarci. È invece mancata, come si diceva all'inizio, l'individuazione delle radici antropologiche su cui si posava la costruzione di questo personaggio. La figura di Renfield appare infatti curiosamente simile a quella di un lupo mannaro livone descritto da Hermann Witekind in un trattato apparso a Heidelberg nel 1585 col titolo *Christlich Bedencken und Erinnerung von Zauberey* ("Considerazione cristiana e memoria sulla magia"). Il Witekind, che nel testo si fa chiamare Augustin Lercheimer, era lettone di nascita ma di origini evidentemente tedesche e nel corso del tempo rivestì anche l'incarico di professore presso le università di Riga e di Heidelberg. In un capitolo della sua opera, egli discuteva della veridicità delle metamorfosi animali messe in atto dalle streghe e dagli stregoni, propendendo per la tesi che si trattasse di un'illusione operata dal demonio. Nel capitolo di cui si sta parlando, vien detto che il Witekind, in gioventù, aveva incontrato un lupo mannaro[114]:

---

[114] Cfr. *Augustin Lercheimer (Professor H. Witekind in Heidelberg) und seine Schrift wider den Hexenwahn; Lebensgeschichtliches und Abdruck*

74

Ich bin einmahl mit eim Kirchendiener, meinem freunde, in eins landvogts Haus gangen, der einen wehrwolff (vie man solche leute auff teutsch pflegt zu nennen) gefangen hielt. Den liess er für uns sommen, dass wir gespräch mit im hielten, ertündigten was es doch für ein Handel mit den leuten were. Der mensch geberde sich wie ein unsinniger, lachete, hupssete, alss wann er nicht auss eim thurn, sondern von eim wolleben keme. Bekante neben viel audern teufelischem betrug und gespenst, dass er am Oftertag nachts baheim den seim gesind were gewesen in wolffë gestalt, welchs ort mehr dann zwenzig weit von dannen war, und ein fluss barzwischen zwenmahl so breit alss der Rhein für Sollen. Mir fragten, wie kamstu auss dem gesengnuss? Ich zohe die füss aus dem stocke, und flog zum senfter hinauss. Wie kamstu ubers wasser? Ich flog barüber. Was thetestu ben den deinen? Ich gienge ummher, besahe wie sie lagen und schlieffen. Warumm kertestu wider ins gesengnuss. Ich must wol, mein meister wolt es so haben. Rhümete seinen meister sehr. Da wir im sagten, das were ein böser meister, sprach er: Könnet ir mir einen bessern geben, den will ich annemen. Er wust von Gott so viel als ein wolff. Es war ein erbärmlichs ding den menschen anzusehen un zuhören.

---

der letzten vom Verfässer besorgten Ausgabe von 1597, cur. C. Binz, Strasburg, Heitz und Mündel, 1888, 55. ss.gg. Il volume, è menzionato da Ginzburg, *Storia notturna*, 133 ss.gg., ma senza citarlo in lingua originale.

Il testo di cui sopra, segnalato dal Ginzburg (il quale mette in evidenza anche "l'allegra insolenza del prigioniero"), venne poi ripreso in modi e tempi diversi dal Peucer e da Melantone e costituisce uno tra i tanti e dottissimi fondamenti alla tesi dello storico piemontese sull'origine folklorica del sabba. Nei comportamenti di Renfield possono essere ritrovate molte delle movenze e delle parole utilizzate dal lupo mannaro livone. Ma ecco un'elencazione contrapposta e binaria:

STOKER

I) Renfield menziona più volte, come s'è visto, un altrimenti ignoto "master" (che poi si rivelerà essere Dracula) da cui egli prende ordini;

II) Renfield evade più volte dal manicomio – anche di notte – attraverso le inferiate della prigione per

WITEKIND

I) Il lupo mannaro livone risponde a Witekind che la sua evasione era voluta da uno sconosciuto "meister" ("mein meister wolt es so haben");

II) Il lupo mannaro livone, dopo essersi liberato dalle catene che lo tenevano bloccato, era scappato dalla finestra, dirigersi verso Carfax Abbey, sede del "Maestro" Dracula;

III) Renfield è connesso da Stoker, sia dichiaratamente che subliminalmente, alla luna, e questo determina in modo decisivo le forme del suo comportamento;

IV) Il personaggio è spesso preda di sbalzi d'umore, sia per accessi di profonda malinconia che con momenti di allegria e di esaltazione sfrenata.

incamminandosi verso un fiume immenso;

II) La figura del lupo mannaro è strettamente connessa al sorgere della luna piena [115];

IV) Witekind ricorda che il lupo mannaro da lui incontrato "geberde sich wie ein unsinniger, lachete, hupssete, alss wann er nicht auss eim thurn, sondern von eim wolleben keme".

---

[115] Cfr. la bibliografia menzionata da Ginzburg (in *Storia notturna*, 152 ss.gg). Ad essa aggiungerei almeno il testo di E. PETOIA, *Vampiri e lupi mannari: le origini, la storia, le leggende di due tra le più inquietanti figure demoniache, dall'antichità classica ai nostri giorni*, Roma, 2000 (con introducione di A.M. Di Nola e con bibliografia).

Come si vede, i punti di contatto sono sorprendentemente molti. Ed è del pari sorprendente che le evasioni di Renfield siano tre, come sono tre (nelle confessioni di un altro lupo mannaro originario della Lettonia) i momenti notturni in cui si svolge la sua trasformazione belluina[116]. A proposito di quest'ultimo punto, va ricordato come Renfield si scagli in un violento corpo a corpo contro i vetturali che portavano le casse di terra transilvana a Carfax Abbey, combattendo con essi in nome di quel "Maestro" a cui egli doveva obbedienza. Varrà la pena ripetere un escerto della citazione già menzionata in precedenza:

[...] Before I could get up to him the patient rushed at them, and pulling one of them off the cart, began to knock his head against the ground. If I had not seized him just at the moment I believe he would have killed the man there and then. The other fellow jumped down and struck him over the head with the butt-end of his heavy whip. It was a terrible blow; but he did not seem to mind it, but seized him also, and struggled with the three of us, pulling us to and fro as if we were kittens. You know I am no light weight, and the others were both burly men. At first he was

---

[116] Cfr. ivi, 130. Il lupo mannaro citato dal Ginzburg si accingeva, in quelle tre occasioni, ad un combattimento con streghe e stregoni onde preservare da costoro i raccolti

silent in his fighting; but as we began to master him, and the attendants were putting a strait-waistcoat on him, he began to shout: "I'll frustrate them! They shan't rob me! they shan't murder me by inches! I'll fight for my Lord and Master!" and all sorts of similar incoherent ravings. [...]

In questa descrizione, si possono notare alcuni dati importanti:

I) Mentre Renfield sta per sopraffare il primo dei due vetturali attaccati, il secondo, "jumped down and struck him over the head with the butt-end of his heavy whip [...]";
II) Immobilizzato dal dottor Seward e dagli infermieri del manicomio tramite la cosiddetta "camicia di forza", Renfield urla: "I'll frustrate them! They shan't rob me! they shan't murder me by inches! I'll fight for my Lord and Master!".

Appare evidente che in tale descrizione si rincorrono alcuni motivi mitici. I lupi mannari della Livonia sostenevano di combattere contro gli stregoni (cito Ginzburg) "armati di fruste di ferro", mentre "il diavolo e gli stregoni [erano] armati di manici di scopa avvolti in code di cavallo"[117]; in controcanto, il vetturale di Stoker

---

[117] Vedi ivi. Il fatto che la frusta era in mano agli avversari di

colpisce Renfield con "the butt-end of his heavy whip", riproponendo almeno due "markers" linguistici già curiosamente presenti nelle descrizioni ginzburghiane. Si noti che, con qualche ironia, Stoker, in un caso, fa indossare all'ipotetico lupo mannaro Renfield una camicia di forza, mentre in un'altra occasione sostiene che egli era evaso avendo addosso soltanto la camicia da notte: è cosa ormai universalmente nota tra gli studiosi di tali questioni che – almeno nei paesi slavi – chi era destinato a trasformarsi in lupo mannaro o in un vampiro nasceva senz'altro avvolto dall'amnio (cioè, come appunto si dice volgarmente, con la camicia)[118]!

Ma non sono solo questi gli elementi che definiscono l'ambito folklorico presente nelle descrizioni stokeriane. Si legga, ad esempio, un altro interessante colloquio che egli intrattiene con Seward, verso la fine del romanzo:

I thought I would improve the occasion and learn something, so I asked him: "What about the flies these times?" He smiled on me in quite a superior sort of way, such a smile as would have become the face of Malvolio, as he answered me: "The fly, my dear sir, has one striking feature; its wings are typical of the aërial powers of the psychic faculties. The ancients did well when they typified the soul as a butterfly!".

Renfield, Ginzburg l'avrebbe definito un semplice "isomorfismo".

[118] Cfr. ivi, 138 ss.gg.

Accanto a una seconda suggestione shakespeariana (Malvolio è infatti uno dei personaggi della commedia *Twelfth Night*)[119], si reperisce qui un elemento antropologicamente ed etnologicamente assai interessante: ci si riferisce alla trasformazione dell'anima in farfalla (o in mosca), un dato che – ancora una volta – è stato ben studiato da quanti hanno voluto tentare un approfondimento dei modelli culturali sottesi al fenomeno della stregoneria europea[120]. È di qualche rilievo l'ipotesi che tale suggestione sia giunta a Stoker per il tramite di Jakob Grimm[121], il che lascia pensare a due sole possibili supposizioni: o Stoker, irlandese di nascita e dunque imbevuto di leggende celtiche, possedeva già nella sua memoria gli strumenti folklorici di cui si sta parlando (basti pensare alla testimonianza di Giraldo Cambrense, secondo cui alcuni abitanti del borgo irlandese di Ossory erano affetti da licantropia[122]), o – come appare più

---

[119] Altrove, Stoker pone un'altra citazione shakespeariana (dal *Re Lear*): "*Rats and mice and such small deer*, as Shakespeare has it, *chicken-feed of the larder* they might be called [...]".

[120] Cfr. GINZBURG, *Storia notturna*, 117.

[121] Cfr. J. GRIMM, *Deutsche Mythologie*, 3 voll., cur. E.H. MEYER, Berlin, 1875 – '78, *passim* e in part. vol. II, 906. Io ho riscontrato la citazione sull'edizione del 1844.

[122] Cfr. GINZBURG, *Storia notturna*, p. 135 (ma senza citare con precisione la fonte, che invece trovasi in GIRALDO DI CAMBRIA,

probabile – avrà consultato i testi in questione nelle fornitissime biblioteche londinesi, creando una linea interpretativa che appare piuttosto coerente.

Un passo di particolare ed esiziale importanza è certamente il seguente:

The attendant came bursting into my room and told me that Renfield had somehow met with some accident. He had heard him yell; and when he went to him found him lying on his face on the floor, all covered with blood. I must go at once [...]. Let me put down with exactness all that happened, as well as I can remember it, since last I made an entry. Not a detail that I can recall must be forgotten; in all calmness I must proceed. When I

"Topographia Hibernica", in ID., OPERA, 8 voll., cur. J. S. BREWER – J. F. DIMOCK, London, 1861 – 1877, in part. vol. 5, dist. II, cpp. XXIII – XXIV. Il testo è inserito nei *Rerum britannicarum medii aevi scriptores*, serie 21). Su tali questioni, cfr. almeno C. DONÀ, "Approssimazioni al lupo mannaro medievale", in *Studi Celtici*, IV (2006), 105 – 153 (i diversi studi del Donà sull'argomento, nonché ovviamente la bibliografia da lui raccolta, vanno ad integrare i testi già segnalati da Ginzburg). Sul passo di Giraldo, cfr. inoltre M. DI FEBO, *"Mirabilia" e "Merveille": La trasformazione del Meraviglioso in alcuni testi mediolatini e in alcune relazioni di viaggio gallo–romanze nei secoli XIII–XIV*, Università di Macerata, Tesi di Dottorato di Ricerca in Scienze linguistiche, filologiche, letterarie e storico–archeologiche, ciclo XXV, a.a. 2013/2014, 56 (letto in *ecum.unicam.it/461/1/tesi_dott_DI_Febo_ciclo_XXV.pdf*, ult. cons. 21 agosto 2014).

came to Renfield's room I found him lying on the floor on his left side in a glittering pool of blood. When I went to move him, it became at once apparent that he had received some terrible injuries; there seemed none of that unity of purpose between the parts of the body which marks even lethargic sanity. As the face was exposed I could see that it was horribly bruised, as though it had been beaten against the floor--indeed it was from the face wounds that the pool of blood originated. The attendant who was kneeling beside the body said to me as we turned him over: "I think, sir, his back is broken. See, both his right arm and leg and the whole side of his face are paralysed".

In questa particolare situazione, Renfield si trova nelle stesse condizioni di uno sciamano che ha combattuto in estasi, ma non solo: il punto più critico della narrazione stokeriana sta nella conclusiva testimonianza dell'infermiere, che – citando la paralisi del lato desto – preconizza l'inclusione del personaggio all'interno di un'altra categoria utilizzata da Ginzburg per definire le caratteristiche di chi combatteva contro gli stregoni, e cioè quella della cosiddetta "zoppaggine mitica"[123]. E se il "sogno" finale del folle recluso stokeriano riacquista quasi in toto le caratteristiche di quello che il già citato Lovecraft chiamava "supernatural horror in literature", la presenza

---

[123] Cfr. GINZBURG, *Storia notturna*, 206 ss.gg., ovviamente con corposissima bibliografia.

nell'allucinazione medesima di un gran numero di animali
ha anche un altro, più conosciuto sapore:

"[...] Then he began promising me things--not in words but by
doing them." He was interrupted by a word from the Professor:
"How?". "By making them happen; just as he used to send in
the flies when the sun was shining. Great big fat ones with steel
and sapphire on their wings; and big moths, in the night, with
skull and cross-bones on their backs." Van Helsing nodded to
him as he whispered to me unconsciously: "The Acherontia
Aitetropos of the Sphinges what you call the 'Death's-head
Moth'?" The patient went on without stopping. "Then he began
to whisper: 'Rats, rats, rats! Hundreds, thousands, millions of
them, and every one a life; and dogs to eat them, and cats too. All
lives! all red blood, with years of life in it; and not merely
buzzing flies!' I laughed at him, for I wanted to see what he
could do. Then the dogs howled, away beyond the dark trees in
His house. He beckoned me to the window. I got up and looked
out, and He raised his hands, and seemed to call out without
using any words. A dark mass spread over the grass, coming on
like the shape of a flame of fire; and then He moved the mist to
the right and left, and I could see that there were thousands of
rats with their eyes blazing red--like His, only smaller. He held
up his hand, and they all stopped; and I thought he seemed to be
saying: 'All these lives will I give you, ay, and many more and

greater, through countless ages, if you will fall down and worship me!' [...].

Un po' come le confessioni dei vari benandanti e lupi mannari, che mano a mano vennero piegate dagli inquisitori a cancellare le tracce folkloriche in esse presenti, anche le affermazioni finali di Renfield rientrano finalmente nello stereotipo della tentazione diabolica, con un inquadramento storico e antropologico che mai ci si sarebbe aspettati di trovare in un libro come questo.

INDICE

PREMESSA   p. 5

UN INCONTRO FRA   p. 7
ANTROPOLOGIA E
LETTERATURA: LA FESTA DI
S. PANTALEONE DI
MIGLIANICO IN ALCUNE
TESTIMONIANZE
OTTOCENTESCHE E DEL
PRIMO NOVECENTO.

PER UN'ANALISI   p. 61
ANTROPOLOGICA DELLE
FONTI DI BRAM STOKER: IL
"CASO" DI R.M. RENFIELD.

INDICE   p. 86

Finito di stampare a gennaio 2015
Prima Edizione
ISBN: 978-1-326-16986-2

Copyright © Lulu Press – Giorgio Pannunzio

www.ingramcontent.com/pod-product-compliance
Lightning Source LLC
Chambersburg PA
CBHW060439290526
45791CB00002B/997